这样激励员工最有效

汪园黔◎著

中国财政经济出版社

图书在版编目（CIP）数据

这样激励员工最有效 / 汪园黔著 . —北京：中国财政经济出版社，2013.10

（企业成长力书架）

ISBN 978-7-5095-4860-8

Ⅰ.①这… Ⅱ. ①汪… Ⅲ.①企业管理 - 人事管理-激励 Ⅳ.①F272.92

中国版本图书馆CIP数据核字（2013）第241231号

责任编辑：王彦浩　张怡然　　　　责任印制：刘春年

责任校对：杨瑞琦　　　　　　　　装帧设计：盛世纳唐

中国财政经济出版社出版

URL：http//www.cfeph.cn

E-mail：cfeph@cfeph.cn

社址：北京市海淀区阜成路甲 28 号　邮政编码：100142

营销中心电话：010-88190406　北京财经书店电话：010-64033436

北京顶佳世纪印刷有限公司印刷　各地新华书店经销

787×1092 毫米　16 开　16.5 印张　185 000 字

2013 年 11 月第 1 版　2013 年 11 月北京第 1 次印刷

定价：36.00 元

ISBN 978-7-5095-4860-8 / F·3937

（图书出现印装问题，本社负责调换）

本社质量投诉电话：010-88190744

反盗版举报热线：88190492　88190446

QIYE CHENGZHANGLI SHUJIA

企业成长力书架

编委会

序言

激励，不只是花钱那么简单

“经营之神”松下幸之助说过：“企业最好的资产就是员工。”

“诺贝尔经济学奖”得主罗伯特·奥曼说过：“公司里一切的悲剧都是因为不适当的激励。”

“钢铁大王”安德鲁·卡耐基说过：“就算我的企业被烧掉了，但只要员工留下来了，20年后我还是‘钢铁大王’。”

……

在企业管理中，管理者总是期望用最低的成本换取员工最大的付出；希望员工对加班不抱怨，对出差不拒绝，对企业目标努力追求，对企业忠诚、对业务忠诚、对客户忠诚……

其实，这些都不是难事，前提是你能够对员工进行有效的激励！

但是，激励永远不只是花钱那么简单！许多资金雄厚的财团大佬以为，只要有钱，就没有办不到的事，就没有搞不定的员工。

殊不知，有很多员工工作不只是为了薪酬，也是为了晋升、荣誉、培训以及情感上的满足。根据马斯洛需求层次理论，对于员工的有效激励就在于，通过满足员工的各种需求，让员工在工作中投入更高涨的热情，更积极主动地挖掘自己的潜能。

在几十年的管理者和三年厂长总经理的生涯中，我接触过各大企业老板、管理者，他们普遍觉得，员工激励太复杂：多样的激励手段、公司的资源紧缺、个人有限的时间和精力都使管理者感到有心无力。而在我看来，员工激励其实很简单——只要我们去了解员工的需求并尽力满足，员工激励就自然而然地产生了！

这也正是本书的创作初衷，我很乐于和大家分享我的经验，让诸位也可以简单有效地进行员工激励。

本书共分为十一章，以总分结构将最有效的员工激励法娓娓道来。在第一章中，我为大家分析了员工到底何时最有干劲。正所谓“知其然也要知其所以然”，先知因才能对症下药获得满意结果。第二章至第十一章，则是分别从薪酬激励、晋升激励、授权激励、荣誉激励、目标激励、榜样激励、沟通激励、情感激励、培训激励、制度激励十个方面对员工激励进行了全面的分析。

同时，相信大家在阅读过程中能体会到本书的几大亮点：

- **生动丰富的案例故事，使本书内容更加形象直观**

我在每一节都分享了一个生动的案例故事，使每节所要表达的内容都在案例故事中有所体现，希望读者朋友们能对书中的内容有更加形象、直观的认识。

- **清晰明确的分析思路，使读者理解更加容易全面**

我对每一节的案例故事都做了清晰的分析，以明确的思路、流畅的语言、严谨的逻辑将管理者在员工激励中需要注意的要点一一点出。

● **全面详细的营销内容，使管理者能够融会贯通**

本书从员工需要什么、管理者怎么满足这两个角度对员工激励做了全面详细的介绍，对管理者们在员工激励中可能遇到的问题都给出了解答。

但各位管理者也切记不要对案例故事中的成功模式进行生搬硬套，而要在仔细研读、分析案例后，结合自己公司的实际情况，对其进行合理利用。

我相信，诸位读者朋友们如果对这本书加以研读，就一定能够掌握最有效的员工激励方法，学到激励员工所必需的技巧。“知道更要做到才能得到”，希望贵公司（单位）因为您的出色管理而成为人才的聚集地！

目录

CONTENTS

第一章　员工何时最有干劲？

第二章　薪酬激励：给予员工应有的回报

第一章

员工何时最有干劲？

付出获得回报

企业家想要在经营活动中得到利润，就不能忽视员工的付出，因为员工在付出获得回报的一刻最有干劲。

员工是企业发展计划的具体执行者，能否得到员工的支持，是计划能否有结果的关键。然而，在很多企业中，管理者们常常忽视员工的权益，且不谈员工福利、年假、年终奖金，即使是正常的工资薪金的支付，也存在拖欠、克扣的情况。

随着中国市场经济的不断发展，劳资关系这一概念已经越发被市场所重视，工作条件、工资福利、晋升环境都是其重要的环节。管理者要想使员工为企业的付出最大化，那么，就要给予其应得的回报。管理者想在劳资关系中做“老子”，却没有员工愿意一直做“儿子”。

在国外汽车品牌的不断挤压下，国产汽车的市场空间已经越来越小。而东风悦达起亚汽车却在宁夏赢得了消费者的喜爱，目前，在宁夏一地，东风悦达起亚汽车的市场保有量已经超过了一万辆，而这一数字随着其良好口碑的流传还在不断增长着。

在其专营店中，每个员工都保持着高昂的服务热情，以其道德品质、团队形象、职业素养赢得了每位消费者的赞赏，员工的高服务质量正是东风悦达起亚成功的关键。而这一切不仅归功于企业一直以来对员工的培训，更在于企业对员工付出的积极回报。

对于表现优秀的员工，企业每年都会为其安排两次出国旅游。员工们不仅在旅游中缓解了工作压力，也感受到了企业对自己付出的正视，而愿意为企业发挥自己的最大潜能。就在2012年的6月份，东风悦达起亚宁夏人和专营店就为优秀员工安排了一次马尔代夫之旅，这次为期7天的旅游，使员工间的友谊得到深化，也让他们在旅游胜地切实地感受到了国外的卓越服务。旅游结束后，员工的工作热情越发高涨，以争取年底的另一次旅游机会。

沃尔玛作为世界零售业的霸主，其成功的十大准则之一就是："积极回报员工为公司做出的付出。"东风悦达起亚对员工付出的衡量中，绩效并不是唯一的标准，员工对企业的认同、忠诚以及自身的努力等都得到了充分考量。

- **员工的认同**

员工可以说是企业组成架构的基本元素，是企业存在并发展的基石。若企业得不到员工的认同，那么员工就不会重视企业的发展，也不会将企业作为自己可以终身奉献的对象，甚至都不会熬过短短的3个月实习期。一个员工能够认同企业，是其为企业付出的基础。东风悦达起亚正是因为认识到了这点，才留住了更多的员工。

- **员工的忠诚**

每位管理者、企业主都想获得员工的忠诚，而不是依靠"看管"来促使员工为企业付出。只有对企业忠诚的员工才能组成一个有凝聚力的团队，才能真正促进企业竞争力的不断提高。东风悦达起亚通过对员工付出的积极回报，使员工真正地忠诚于企业，真正地认识到自己的付出是有价值的，从而愿意为企业付出更多。

● **员工的努力**

不是每个员工的付出都能为企业带来业绩的切实提升，但没有员工的不断努力，企业也不可能获得收益。东风悦达起亚最重视的正是员工的努力，员工能够在每天的工作时间中尽职尽责，能够在企业需要的时候加班加点，能够在客户的漠视责骂中热情服务……

目前，中国市场已经进入了劳动力的相对短缺阶段。每个企业主都感到，在较高层次上，具有专业能力的员工普遍缺乏；而在基层中，员工又呈现出较大的流动性。企业往往需要花费较大的成本在专业人才的引进上，而对基层员工的培训成本通常也会随着其的流失而浪费。

这一问题的根源正在于，企业主为员工所做的回报的缺失。然而，即使很多管理者都已经认识到了员工的重要性，也茫然于如何才能让每个员工的付出都得到回报。这里，我们可以采用整体薪酬回报制度来激励员工为企业付出。

● **现金酬劳**

员工薪酬最基础的组成部分就是现金酬劳，大多数员工对其薪资水平的认识也在于基本工资部分，无论是现金津贴、奖励还是公司的股权分配都可以被看作是现金酬劳的一部分。针对每个员工的表现，管理者应对其所获得的现金酬劳做出调整。

● **津贴酬劳**

津贴作为对员工付出的额外补偿，其通常表现为交通补贴、餐饮补贴、带薪休假等各种福利措施。管理者应根据员工的工作性质而适当给予相应的津贴酬劳，通常可以通过销售人员的交通差旅补贴、生产部门员工的适当休假、老员工的退休福利等形式回报员工。

● **职业生涯设计**

老客户通常能给企业带来更大的收益，老员工同样如此。管理者要想员工能够留在企业，就需要为其设计出一份适当的职业生涯规划，为每个员工策划一个可行的成长方案，并为其做有针对性的培训，同时，让员工认识到企业的发展前景，以保持劳资关系的稳定和安全。

● **改善劳资关系**

设计出一份企业与员工双赢的工作合同，让员工能够在合同期内享受更好的工作环境，并努力改善员工间的工作关系，为团队、企业营造一个良好的工作氛围，从而提升员工的忠诚度和工作热情。

有更大发展空间

随着企业的日益发展壮大，员工的高流动性通常会给企业带来更大的管理成本。而要吸引优秀人才留在企业，就需要企业能够为员工提供更大的发展空间。我们知道，服务员的薪水再高，也不会有人愿意一直做下去。只有在一个有发展空间的岗位，员工才能保持工作的动力，才能为自我价值的实现而奋斗。

越来越多的企业主开始认识到，企业要想实现人力资源利用率和员工投资回报率的最大化，就需要保证企业员工的稳定性，这就需要实现企业发展前景与员工发展计划的统一。

2003年，美世咨询公司在对上海40家跨国公司的调查中发现，在员工愿意留在企业的众多因素中，员工发展计划以78%的获选率占据第一位，而薪酬福利则仅仅排在第三位。由此，我们不难看出发展空间对于激励员工的重要性。我们来看看这些成功企业究竟是怎么做的。

在双鹿空调有限公司，每个员工都可以根据个人的职业规划与专业技能选择行政升迁或专业发展。从2000年开始，双鹿就开始为完善其行政发展制度而努力。随后，双鹿又建立了专业发展机制，通过一套自有的技术职称体系，对每个专业员工进行评级。

随着公司的不断发展壮大，双鹿设定的技术职称已经不再局限于研发、工程、技术支持几个方面，渠道销售、客户经理、产品采购、财务管理等都逐渐被纳入其职称评定范围内。正是这样细致的专业发展体制，使每个员工都可以在双鹿选择适合自己的发展之路。而双鹿也会有针对性地对其进行培训，以帮助员工的专业技能得到快速提高。

为了让员工得到更大的发展空间，双鹿还引入了轮岗制度，让员工在多个岗位的工作中，切实地认识到自己的职业才能，从而选择一个最佳的岗位发挥自己的专业技术。

很多企业虽然制定了员工发展计划，但管理者在管理中却仍然流于形式，并没有真正地意识到内部员工培养的重要性。

- **由内而外**

当企业出现职位空缺问题时，双鹿通常会选择从内部寻找合适的人选，而不是到人才市场上去招聘外部人才。企业员工通常对企业发展有着更深入的了解。相对于任用外部人才，从内部选人，首先，企业能够节省相当的初期培训成本；其次，员工在这一调动晋升中也能够感受到企业对自己的认可，从而更具工作热情。

● **权力下放**

在管理过程中，双鹿的管理者能够真正地做到权力下放，让员工承担相应的责任，从而使其在锻炼中成长。管理者必须为员工营造一个在团队合作中成长的工作氛围，从而让其发挥更大的主观能动性。

当员工与企业签订了劳动合同后，员工通常希望获得一个发展空间，可以发挥自身才能并在培训中成长；而企业则希望员工能够忠诚于企业，在不断成长中为企业发展做出更大的贡献。我们不难看出，企业与员工的发展规划并不存在冲突，然而，很多员工还是会在工作一段时间后感到失望，而最终离开企业。可以说，没有更大的发展空间，是很多员工选择离开企业的最大因素。作为管理者，我们首先要自问，我们有没有为员工提供一套完善的培训和发展体系？

● **新人入职培训**

对于应届毕业生而言，入职培训是其走向职业生涯的第一步；而对于其他员工而言，入职培训则是其进入企业工作的第一步。管理者必须在入职培训中，让员工了解到企业的文化理念、发展前景、工作模式以及晋升机制等，这也是管理者充分了解员工发展计划的第一步。

● **深度参与的机会**

了解了员工的发展计划，我们就可以将其放在一个相应的工作岗位上。而在一段时间后，我们就可以对其工作能力有个充分的了解，这时，我们就需要给予员工一个深度参与的机会，让其能力可以得到更大的发挥。如果一直在基层摸爬滚打，员工要么会对自身的工作能力产生怀疑，要么会对工作的发展前景感到失望，而这都会造成员工的流失。

● **专业技能的培训**

每个员工进入企业时都有着各种各样的缺陷，管理者一旦发现了员工的优势和劣势，就要在给予其发挥优势机会的同时，针对其劣势为其安排培训。专业技能的培训能够给员工带来更大的发展空间，也能最大化地提高员工的工作效率。很多管理者担心培训成本会因为员工流失而浪费,殊不知，培训环节的缺失才会加剧员工的流失。

● **自由发展的空间**

“以人为本”越来越多地被管理者所提及，而要真正做到以人为本，管理者应该认识到，人力资源管理的关键在于开发而不是压榨。管理者应为员工创造一个相对自由的发展空间，让其充分发挥主观能动性，同时给予其适当的引导和帮助。如果管理者只是无限度地压榨员工的剩余价值，员工就会放弃这样的“吸血鬼企业”。

权力范围变大

要想员工得到更大的发展空间，管理者必须给予员工充分的授权。只有在权力范围变大的时候，员工才能更好地发挥其主观能动性，以最大的才能为企业的发展尽力。而一旦员工获得了更多的权力，就会自然地以企业的一分子自居，其对于企业的归属感、使命感也会得到极大的提升。

迈克尔·波特作为现代最伟大的商业思想家之一，他曾说过:“管理者必须扩大员工的权力范围，才能够让员工和团队以及企业得到提升。”我们甚至可以认为，授权是激励员工的最佳途径。

日本的本田公司本来是世界上最大的摩托车生产商，而随着本田的不断发展，其汽车销量也占据了相当的市场份额。至今，本田的员工数量已经达到了18万，而其仍然是日本大学生最希望进入的企业之一。

本田的每个员工都能得到最大的授权，“物尽其用，人尽其才”在这里得到了最大的体现。当本田第二任管理者河岛先生决定进军美国市场时，其所做的唯一一件事就是成立了一个筹备委员会，这个筹备委员会囊括了本田人事、生产、财务部门的精英人才。本田进军美国市场的一切事物，都由筹备委员会负责，直到本田在俄亥俄“安家落户”，河岛都再没管过。当别人问及原因时，河岛理所当然地说道：“我本身对美国就不熟悉，也不曾做过会计或是开发商，那么为什么不让熟悉的人去做呢？”

扬名世界的“本田青山大楼”从动工到完成，时任本田管理者的本田宗一郎都未曾参与过，整个方案完全由员工策划并完成。大楼建成之后，甚至吸引了查尔斯王子和戴安娜王妃来此参观。

本田的每任管理者都坚持赋予员工最大的权力范围，即使是在产品开发问题上，本田的管理者都能够放手让年轻人去做，而忽视“老头子们”的想法。当年轻的技术人员们开发出了“城市系列”后，这种高挑的车型遭到了大多数董事的反对，而时任管理者的久米先生只是说了一句：“开这车的又不是我们这代人，而是他们年轻人。”结果，“城市系列”果然在年轻消费群体中大获成功。

● **管理者愿意放权**

很多管理者喜欢在企业的各项事务中都“事必躬亲”，在他们看来，没有了他们的把关，“天知道那些小兔崽子会做出什么来”。然而，管理者们的大包大揽，也必然会导致其自身精力的透支。本田的管理者们就充分认识到，没有管理者是全能的，人力资源管理的关键在于实现“人尽其才”。

- **员工得到授权**

正是因为本田历来的授权氛围，每个员工都能够充分“施展拳脚”，自觉挖掘自身潜能以不辜负企业的信任。在一个“缩手缩脚”的工作氛围中，员工除了做好本职工作外，再没有其他发挥才能的机会，员工必然会因此产生惰性，而真正有抱负的员工则会“用脚投票”，选择离开。

员工权力范围如果能够得到扩大，那么随之而来的就是工作效率的提升。然而，授权并不是简单地给员工一个“舞台”，毕竟我们还要对得起“观众”。管理者在授权时必须充分考量员工的个人能力，要看其是否能够承担责任。因此，随着权力的下放，管理者也必须让员工充分认识到其应承担的责任。

- **授权明确**

管理者在授权时，必然是希望员工完成某个计划或是解决某个问题。那么，员工必须了解到在得到该权力后要用它达到怎样的结果。与权力相对的必然是责任，管理者在挑选出最有能力的员工授权之前，必须与之充分交流，让员工知道，他拥有这份权力可以做什么、可以使用多久、要达成什么目标。

完成任务又必然不是该员工一个人的事，那么，管理者就需要让其他员工了解这份授权，从而配合其达到目标。

- **授权彻底**

既然管理者决定扩大员工的权力范围，那么，就不需要再插手其具体的行动。管理者唯一需要关注的就是员工是否完成了任务，其他则是员工的自由发挥时间。不彻底的授权不如不授权，员工得到权力后却仍受到管理者的约束，就不可能发挥其最大的能动性。员工也会认为这是上司对自己的不信任，从而产生一种反效果。

● **监督控制**

当然，不插手不代表不监督。员工若滥用权力，其带来的后果也是令人头疼的，甚至是不可挽回的。因此，管理者要对员工完成任务的时限做出明确规定，并要求其定期反馈完成情况。监督控制的过程只是为了防止权力的滥用，同时对员工遇到的问题给予实时的解决。管理者必须掌握好其中的度，监督控制不是剥夺授权。

自我价值众人皆知

随着员工权益被社会越发重视，员工基本都能够得到应得的回报，并在一定的发展空间内行使企业赋予的权力。然而，员工的成就感与满足感仍然无法在工作中得到满足。大家都知道，每个人都有着自己的价值观，也都希望能够在工作中实现自己的价值。

管理者通常希望员工在工作中“牺牲小我，完成大我”。殊不知，员工自我价值的实现与企业利益并不冲突。只有在企业的发展扩大中，员工才能有更大的平台实现自我价值；也只有员工的自我实现需求不断被满足，才会有员工为企业的发展发挥自己的最大动能。

从2003年年底开始，宁波宝新不锈钢有限公司为了帮助员工实现自我价值，采取了以主创员工的姓名给新的操作技术命名的方法。在2004年3月15日，宝新正式推出了“肖文茂点检标记法”，这一标记法的名称正是源于其主创肖文茂的姓名，也正是这一标记法大大地提升了不锈钢的检验效率。随后的短短一年间，又有超过10项新的操作技术被员工所发明，16名员工的姓名就这样随着其主创的技术方法在行业内流传。

无独有偶，柳州钢铁公司也采取了员工姓名命名法。许兴武在其浇钢岗位上，以连续浇钢5700余炉无一报废的成绩，打破了行业内的纪录，而其浇钢方法也被命名为“许兴武板培连铸拉钢操作法”。杭钢的操作手册上有5项以员工姓名命名的操作法。宝钢53项以员工姓名命名的操作法中更有5项入选“上海市大先进操作法”。

以员工姓名命名操作法，对管理者而言几乎不存在操作成本，但对员工而言，却是再有效不过的激励法。

每个员工都会希望在工作中开拓创新，以更具效率的工作方法赢得企业的认同，从而实现自我价值。面对记者的提问，肖文茂就说过：“这次被命名，我有一种很强的成就感。”这也正是这些企业的目的所在。

在员工的职业生涯中，获得多少工资、处于哪个职位并不一定是其关注的重点，自我价值的实现才是员工最深层次的需求，而工资、职位只是自我价值的外在体现。赢得一个员工的关键往往在于，管理者能否帮助员工实现自我价值、能否给予员工充分发挥才能的机会。

很多管理者并没有认识到员工自我实现的重要性。员工的职业生涯与人的成长过程是相似的，每个人的成长必然是向着更独立、更积极、更活跃发展的。管理者如果只是一味地想要控制员工，以一种独裁式的管理方法管理员工，员工就只会变得更加依赖、消极、服从，最终沦为一台工作机器，而不要说什么自我价值了。

● **崇尚个性**

大多数管理者在招聘员工时，通常会先考虑企业缺什么岗位的人才、该岗位的人才需要怎样的技能、企业的员工需要怎样的素质等，如果员工不能满足这些要求，那就会直接被PASS掉。然而，随着中国教育的不断发展，企业员工往往都接受过高等教育，但其实践能力却差别甚大。因此，我们更应该营造出一个崇尚个性的工作氛围，让每个员工可以充分表现出自己的特性，从而为其安排合适的岗位。要帮助员工实现自我价值，管理者首先要明确员工的价值所在。

● **重视培养**

员工并不会带着完美的才能来到企业，管理者必须对其进行不断的培训、纠错，从而帮助其成长。当然，我们首先要了解到，哪些员工是值得信任的。而管理者一旦决定信任该员工，就需要尽可能地培养员工的专业技能或交际能力。培养的过程是相当漫长的，然而，这种投入并不是无效的，相反，通过帮助员工增强自我实现的能力，管理者能够得到员工的信任和忠诚。

● **人人平等**

在员工面前，管理者或是领导者通常会维持自身的优越地位，他们更愿意保持一种“高高在上”的姿态以告诉员工们“要听话”。事实上，只有一个平等的工作环境，才能让员工脱离束缚，而不会因为对方是上司，就放弃争论、不敢建议。平等的工作环境是员工自我价值实现的基石。

愿景对自己有影响

企业愿景，这一概念常常被运用于管理者与员工的交谈中。企业愿景就等于企业存在的意义、经营的目的、成长的方向，其对于企业发展的推动力不言而喻。而企业愿景要真正化为动力，就需要得到企业员工的认同。每个企业都会有自己的发展目标，让员工认同这一目标，是管理者增强企业团结的有效途径。

随着现代企业的不断发展，一些初创的IT技术公司通常会选择为员工提供免费食品或福利津贴来吸引人才，其管理者通常也会不遗余力地告诉员工，市场环境有多好，企业未来又会怎样发展，员工未来会得到什么。而在员工看来，这些只是管理者给自己“画的一张大饼”。

然而，亚马逊公司却不同，亚马逊的员工工资在行业内一直处于标准以下。亚马逊的管理者曾说过：“与大多数公司相比，亚马逊付给员工的现金薪酬非常低，也没有设置任何类型的奖金或是福利，因为我们认为那不利于团队合作。”

然而，员工还是愿意进入和留在亚马逊。因为，每个员工都相信，他们正在做的是一个“伟大”的事业，正在策划的是一个“伟大”的项目。

同时，亚马逊为每个员工都提供了相当优惠的限售股，每个员工都是亚马逊的股东。亚马逊北美消费者业务部主管杰夫·威尔克的年薪不足100万人民币，却拥有价值2000万美元的亚马逊股权。

亚马逊的迅猛发展在于每个员工都认同企业的发展愿景，每个员工又被股权“绑在”亚马逊这辆战车之上。员工团结在一起为共同的目标、为自己的企业奋斗，这样的企业又怎么会不成功？

美国的恩贝公司对于企业愿景的应用更加彻底。公司创立初期，恩贝的销售业绩一直平淡无奇，1984年的年销售额仅仅为300万美元，员工们开始对公司的发展前景产生怀疑。

这时，恩贝的管理者恩贝先生却提出了一个令人震惊的愿景目标：“1989年年销售额达到2000万美元，1994年突破1亿美元，到1999年这一数字要超过1.5亿美元。”这三个“五年计划”让员工们纷纷惊叹于老总的“丧心病狂”，认为这“大饼”画得也太离谱了。

然而，恩贝却给每个员工发放了一份详细的行动方案，向员工们详细阐述了这三个“五年计划”的可行性。同时，恩贝近乎孤注一掷地投入了大量的资源在这一计划上。这就迫使每个员工都不得不相信这“饼”是真的。

也就是在这样的愿景目标下，每个员工以最大的热情为之努力。第一个五年计划基本得以实现，第二个五年计划提前半年就得以达成，第三个五年计划甚至在第四年就顺利达到。

愿景的魅力就是如此无穷。

● **实事求是**

管理者当然可以为企业设置一个“难以实现”的愿景目标，正如恩贝公司一样，但“难以实现”并不是不可能实现。很多管理者会过分夸大企业的愿景，但如果愿景不能得到员工的认同，那么就只会得到员工的“嗤之以鼻”。亚马逊员工都自信从事着一份“伟大”的事业，事实上，亚马逊的发展确实堪称神话。实事求是的企业愿景才能真正产生激励员工的作用。

● **慎重管理**

我们不妨将愿景目标设定在一个中长期的时间段上，短期目标的达成通常面临着相当大的变数。恩贝正是因为认识到了这点，才没有选择以 15 个“一年计划”激励员工。“五年计划”可以有效降低不可测因素的影响，管理者必须认识到，企业愿景并不等同于年度计划，愿景的作用更多体现在对员工的激励上。

● **愿景清晰**

每个员工的个人发展愿景是不同的，企业愿景的设立必须充分考虑员工的发展愿景。管理者应当以一个清晰的企业愿景激励员工，而不是含糊其辞地说些“企业将来发展会很好、员工工资会有很大提高……”，愿景的清晰是得到员工认同的基础。

● **提高重视**

由于愿景目标的达成通常是一个较长的过程，其本身也具有一定难度，但这并不意味着管理者在提出企业愿景后就可以置之不理。管理者应当真正地重视企业的愿景，让员工相信愿景并不只是管理者在“画大饼”。

● **鼓励员工**

很多员工对于自己的发展目标都比较模糊，只是想着能拿到多少工资、升到什么职位。这就需要管理者与员工进行交流，让员工切实了解自己的能力，帮助员工设定发展目标，为其描述部门和企业的发展前景。这样，员工才能更加自主地为达成企业愿景而努力。

企业愿景的激励作用更多是体现在精神上，它不同于物质激励，但两者之间并不存在冲突。管理者通过设置合理的企业愿景，并配合相应的物质奖励，可以最大限度地激励员工。

领导能以身作则

“其身正，不令而行；其身不正，虽令不从。”这是几千年前孔子就给我们留下的智慧。对于企业来说，领导处于相对特殊的地位，他既是企业的员工之一，又是企业的最高管理者。但很多领导的自我认识仅处于管理者的层次，殊不知，领导作为企业发展的引导者，其领导力提升的关键正在于以身作则。

要真正地激励员工，领导就要做到言传且身教。世界级管理者松下幸之助说过：“要提高企业效益，首先就是领导要以身作则，起到带头作用。这样，员工才能从进入企业开始，就尊重这份事业。”

如今，提到东芝电器，大家都会认为它是一个世界级企业。然而，就在 20 多年前，东芝电器甚至面临着因无力还债而倒闭的困境。而东芝电器能够绝处逢生，正是因为当时紧急上任的土光敏夫先生。

当时，土光敏夫还只是石川岛造船厂的总经理，但其领导力在此时就显露无遗。土光敏夫对市场发展有着敏锐的直觉，而其以身作则的作风更是令人钦佩。

土光敏夫来到东芝电器的第一件事就是整顿公司员工的士气，土光敏夫说：“没有沉不了的船，也没有不会倒闭的企业，但一切事在人为。”之后，土光敏夫开始在公司内部寻找人才，号召每个员工充分发挥自己的工作潜力。

有一次，一个销售人员向土光敏夫反映有一笔订单很久都没有做成，每次过去谈，对方的经理都有事外出了。土光敏夫表示要亲自上门试试。这位销售人员顿时大吃一惊，管理者是不相信我？万一管理者上门也吃了“闭门羹”怎么办？

土光敏夫很干脆地前往对方公司，而那位经理却真的不在。土光敏夫也没有就此告辞，而是直接在前台等着经理回来。一直过了大半天，那位经理才回到公司，当看到土光敏夫递上的名片时，立刻向土光敏夫表示歉意。自己作为一家销售额不过几十万日圆的企业经理，东芝管理者竟然亲自上门谈生意，这位经理哪还有不答应的道理。

正是这样的以身作则，东芝的每个员工都开始相信“事在人为”。连新上任的管理者都如此尽心尽力，自己这样的老员工又有什么理由放弃东芝？

土光敏夫有一句名言：“领导自己全力以赴地工作，就是对员工最好的教育。员工付出三倍的努力，领导就要付出十倍的努力。”

企业领导要摒弃以往的自我优越感，以身作则地引导员工努力。

- **自我管理**

领导本身并不会被人监督，这就需要领导具备自我管理的能力。土光敏夫在东芝几十年的任职期间，从未迟到或早退。说起来简单，但中国又有多少企业的领导能够做到这点呢？

- **忠于企业**

企业效益的最大受益者就是企业领导，那么领导又有什么理由不为之努力呢？土光敏夫从上任初期，就为了改变东芝电器的困境而努力。中国很多企业的领导们却想着：“这些事由下面员工做就行了，我把把关就好。”

企业领导可以说是企业价值观、文化与制度的创造者，企业的工作流程几乎是他们一手创立的，通过对各个成功案例的学习，领导们不难总结出适合企业的一套机制，但这套机制却不一定能表现出其应有的效果，原因何在？领导们无法以身作则，“人治”高于“法治”，员工就不会重视这些制度，激励效果自然无从谈起。

● **培养自身能力**

领导作为企业的管理者，首先需要具备的是管理能力，其次是对企业发展有利的一切技能。领导当然不是全能的，但由于领导者的特殊地位，注重自身能力的培养，必然会带动员工的自我培养。

● **有魄力、讲诚信**

领导者在处理问题时不能优柔寡断，而要表现出必备的魄力，尽快做出最优的处理。但当处理失当时，领导者又必须勇于承认错误。这样，员工才会信任领导者，愿意跟随领导者努力。

● **以德服人**

领导者要实现员工管理，如果只是依靠自身的独特地位“以势压人”，员工就不可能尽心为之办事，“势服人，心不然，理服人，方无言”。“修身齐家治国平天下”，大到一个国家，小到一个企业，领导者都必须能够做到以德服人、厚德载物。增强自身的道德修养，不仅能够帮助领导者赢得员工的忠诚，更能有效地激励员工。

工作中能畅所欲言

员工通常会对企业或管理者有很多意见，这些意见并不都是好的或有效的。由于自身立场不同，员工的意见大多以自身利益为出发点，而不一定符合企业的利益。但作为管理者，我们依然要给予员工畅所欲言的机会。

在听取员工的意见或是与员工的交流中，管理者通常能够对企业的发展有更加直观的认识，从中也能够对员工有更加深入的了解。戴维·诺瓦克在对人力资源管理的研究中发现："当会议开始时，所有的员工都闭着嘴等着你开口，那就意味着，员工们没有对你敞开心扉。管理者应当努力避免这种状况，鼓励员工畅所欲言，即使所说的并不准确或让人不舒服。"

随着智能手机的不断发展，诺基亚逐渐淡出手机主流市场，即使诺基亚早在 2005 年就推出了全球第一款智能手机 N 系。随着苹果、三星、黑莓的异军突起，诺基亚智能手机的市场份额在一年间就下滑了 4%，复杂的操作模式、糟糕的软件配置使其再也无法对抗苹果。相对于乔布斯，诺基亚的管理者可谓籍籍无名；相比于三星重工，诺基亚的生产技术也并不占优；相对于苹果，诺基亚的品牌文化更是完败。

但近年来，诺基亚正一步步地回到消费者的视野中，其成功的关键正在于诺基亚的每个员工都可以在公司内畅所欲言。

从 2008 年开始，诺基亚公司就利用社交网络的快速发展，在公司内部网站上开设了一个 Blog-Hub（博客中心）。Blog-Hub 作为一个内部开放的交流平台，诺基亚的所有员工都可以在这个平台上发布任何信息。匿名式的交流平台，也让员工完全不用担心管理者会事后追究。

平台上线之初，就有大批的员工对公司发展进行了批评，尤其是公司的采购模式和手机的软件质量。曾经有一名中国区的经理在网站上发布："为什么不在手写笔的颜色上提供给消费者更多的选择呢？"诺基亚总部在看到这条信息后，针对这个项目开展研究，并决定将多色系的手写笔纳入公司发展日程。

诺基亚公司的管理者玛丽·麦克道威尔专门负责公司发展战略的研发，她对此说道："我们并不能插手促进员工们的创新，但我们可以成为员工与公司间的润滑剂，让他们更自由地发挥才能。"

员工能够畅所欲言，公司才能更加稳健地发展。

● **给员工安全感**

恐惧是抑制员工畅所欲言的最大因素，员工都担心自己的意见会不会触怒管理者或是令其不满。大多员工都相信"多说多错，不如藏拙"，而这藏起来的并不只是员工自身的"拙"，更是企业和管理者的"拙"。诺基亚首先努力给予员工安全感，让员工不必担心"因言获罪"，匿名表达是十分有效的一种途径。

● **寻找共同目标**

共同目标是员工愿意与管理者交流的重要因素，如果员工认为管理者只在乎其自身的利益，那么就不会向其倾诉。管理者或是企业主最关心的当然是企业的发展前景，但必须要让员工相信，这也是与其自己利益相关的。随着企业的不断发展，员工必然能够获得更大的发展机会。当然，管理者在与员工交流时，不妨将这句话反过来说，以员工利益为先。

每个员工都尽心尽力为公司效力、每个员工的才能都能得到发挥，这无疑是管理者最希望看到的情景，而这就需要管理者为员工营造一个能够畅所欲言的工作氛围。一个自主自由的工作交流环境，才能调动员工的工作积极性。

杜拉克认为，管理者应该努力让员工以企业的主人自居，积极了解与员工间存在的问题和员工的发展目标，并给予员工与上司交流的机会和氛围。

● **信息共享**

信息的不对称，通常是造成管理者与员工间隔阂的关键因素。很多员工在工作中会对企业的发展方案进行揣测，是否会扩大规模、会不会裁员、何时加薪……从管理者的角度来看，员工的这种揣测无疑是对工作时间的浪费，管理者应适时了解员工关注的问题，并给予明确的答复，从而提升员工的工作效率。

● **善于倾听**

有时候，管理者的倾听比讲话更具激励效果。在制订工作方案时，管理者应让员工参与进来，听听员工的意见。通过坦诚的交流，企业决策才能满足员工的需求，从而得到员工的积极配合。

● **提供渠道**

我们已经知道让员工畅所欲言的重要性，那就需要为员工提供各种交流渠道。员工往往有“说”的欲望，却没有“说”的途径。管理者如果期望着员工敲门进来开诚布公，这未免就有些不切实际了。因此，我们应设身处地地为员工提供更舒服的渠道，比如，开通员工热线、组织小组讨论、开展部门聚餐等方式，这样都能够营造出更轻松的交流氛围。

自身感受被重视

很多管理者的管理方法都十分“粗暴”，他们几乎是将自己的意志强加于员工之上。在劳资关系中，员工通常属于弱势的一方。如果管理者平时还忽视员工的感受，以“命令”的方式管理员工，那么，员工与管理者、企业间的隔阂必然越发加深。自身感受被忽视是导致员工离职的重要因素。

当管理者过分忽视员工的感受时，员工与企业之间就会存在情感上的缺失，薪酬就成了员工工作的唯一目的。如果只是为了一份薪水的话，员工也就不会因为懒惰或不负责任而内疚。

唐骏在微软的10年间，其管理成功的关键就是重视员工的感受，让员工真正被公司文化所“感动”。

在唐骏任职微软中国管理者期间，所有新员工都需要接受唐骏的面试，人事部门的很多人都对此举表示不解，认为这是唐骏对自己的不信任。但随着交流的加深，大家都明白了，唐骏此举是为了让每个员工从一开始就感受到微软对其的重视。几乎没有哪个大公司的管理者会对所有员工进行一一的面试，但唐骏就这样做了，微软的员工真切地感受到了微软“以人为本”的员工管理模式。

还有一次，唐骏在公司电梯间遇到了工程师大卫与他的女朋友，大卫自然是认识自己的顶头上司的，微笑着打了招呼后便准备就这么“擦肩而过”。令他没想到的是，唐骏竟然停下来，主动地对他说道：“大卫，你手头上关于工行的项目没什么问题吧?"到了第二天，唐骏的邮箱里就多了一份大卫发来的邮件，大卫对唐骏表示了真挚的感谢，因为管理者竟然知道他的名字和所做的项目，这帮大卫在女朋友面前“长脸”不少，他还表示今后一定会努力工作，以回报唐骏的重视。

唐骏就是这样一个注重细节的管理者，微软中国1000多名员工的姓名他都知道，见到每个人都会与其打招呼。员工工作时，唐骏会安排公司的“阿姨们”帮他们交水电费、接待来访亲友；每到节日，唐骏都会为每个员工及其亲友送上礼物；公司设施出现问题时，唐骏也会及时地安排人员解决……正是这些细枝末节的小事，让每个员工都感受到了公司对自己的重视。

微软中国就这样成为微软旗下员工满意度第一的分公司，唐骏也获得了两次“比尔·盖茨管理者杰出奖”，这在微软的发展史上是绝无仅有的。

自身感受得到重视，员工的忠诚度自然会得到提高。

● **给予员工帮助**

在劳资关系中，员工的弱势地位使其无法对管理者说“No”。那么，管理者就要仔细考虑自己所要下达的命令和任务，员工是否能顺利完成、命令的下达是否太过机械、任务难度是否会超过其工作能力……唐骏在工作中就是这样主动了解员工所遇到的困难，并积极给予员工帮助的。

● **平易近人**

管理者与员工之间存在着天然的距离感，很多管理者对此感到满意，时常“摆架子”以获得员工的“敬畏”。事实上，员工对于“高姿态”的管理者通常都是“有畏无敬”。唐骏就是一个十分平易近人的管理者，他会主动和员工交流，态度诚恳而和善，员工自然会“敬爱”这样的领导。

● 倾听员工

管理者们要重视员工的感受，那么，首先就要学会倾听。营造一个轻松的舆论氛围，让员工可以向管理者倾诉自己的感受，这时，管理者们要做的就是倾听。当员工的感受真正被了解后，管理者才能“对症下药”。

● 分享幸福

员工作为一个社会人，必然会经历生日、结婚、生育等等的幸福时刻。管理者要做的就是主动与员工分享幸福，给员工送上一份问候、给上一份祝福、寄上一份小礼物……管理者要努力成为员工的朋友，而不只是领导。

人与人之间的关系是相互的，员工与管理者同样如此。管理者重视员工的感受，员工才会保护管理者的利益。

公司提供学习机会

当员工进入公司时，必然已经具备了工作必需的基础技能。但每个公司都有其自身的特点，这也是入职培训的重要性所在。而随着员工的不断发展，公司要为员工提供足够的学习机会，以帮助员工以更专业的技能为公司创造效益。

员工已经越来越成为公司发展的关键因素，我们甚至可以说，在现代企业的发展中，员工就是最关键的一个环节。尽可能多为员工提供学习机会可以实现公司与员工的双赢。

三星历任管理者都十分重视为员工提供学习的机会，在三星内部，管理者严格执行着一套系统的员工培训计划。

每一个员工在进入三星后，都要经过一个为期28天的培训，而在培训中不合格的员工则无法上岗；每一个员工每年都要接受年度培训，这个培训通常不少于两周，其目的就在于让员工了解市场情况、学习新兴知识；三星国外分公司的新员工也不例外，他们同样要被送到三星总部接受培训。

三星每年还会安排400名优秀员工出国学习，这些员工通常工作经历久、工作能力优、岗位级别较低，他们出国学习的主要内容是当地的语言、文化、风情，为三星海外市场的开发奠定基础。

三星并不吝于为员工的学习做投资，其培训投资通常占到了公司营业额的一到两个百分点。

针对不同的员工，三星所采取的培训模式也有所不同。对于新员工，三星主要是对其进行理论性的指导，让其对自己所做的工作、所服务的公司有一个宏观上的认识。对于老员工，三星则会根据其所处岗位开展具体的培训，比如，对管理人员的质量管理培训、对营销人员的谈判技巧培训、对生产人员的生产工艺培训。对于国外分公司的员工，三星则会提供更加具有针对性的培训。

公司为员工提供学习机会，就是为自己创造发展机会。

● **岗前培训**

每个公司都会为新员工提供岗前培训，岗前培训是将员工与公司联系起来的第一步。三星坚持不懈地为每个员工提供近一个月的岗前培训，也正是通过这个过程，员工对于公司文化和工作流程有了一个充分的认识，从而更加顺利地融入一个新的工作环境。

● **在岗培训**

社会在变、市场在变、公司在变，连员工自己也在变。三星每年都会对员工进行在岗培训，就是为了让员工能够深入了解工作环境的变化。而针对工作能力优秀的员工，三星还会对其进行有针对性的培训，为员工的晋升或调动打基础。

● **外派培训**

外派培训并不一定是外派出国，外派的主要内容是为员工提供一个长期的学习机会，比如，安排员工参加一周的研讨会、一个月的培训班或者是更久的调研考察。很多管理者不舍得让员工长期离岗，因为这必然带来极大的管理成本。三星则乐于安排员工在外的学习，因为这必然是一个更为系统的学习机会，员工从中学到的越多，公司就能得到越好的发展。

当然，公司为员工提供了足够的学习机会，员工却并不一定会借此有效提升工作绩效。但有一点是毋庸置疑的，不论是何种形式的员工培训，都能让员工感受到公司的培养热情和重视，这必然会极大地提升员工的工作积极性。

但有些公司会发现，当投入大量资源为员工创造“学习机会”后，员工却不为所动，依然我行我素。其实，这都是因为这些公司只是“有样学样”，而没有结合自身情况为员工制定有针对性的培训计划。

正如约翰·奈斯比特所说：“成功的公司只需要解决两个问题：一、吸纳更具竞争力和创造力的管理者；二、把办公桌和课桌连在一起。”

● **抓住员工需求**

在为员工提供学习机会之前，公司必须了解这样两个问题：员工需要掌握怎样的技能，员工想要学到怎样的知识。

管理者首先要对公司和员工的发展情况做出分析，公司是在上升期还是衰落期、员工更趋技术型还是管理型……通过对公司的发展时期和员工的职业规划进行分析，管理者可以很好地了解到员工当前真正需要学习的内容。

学习说到底是一件自主的事，公司毕竟不是真的学校，管理者不可能逼着员工去学。那么，管理者就要在与员工的交流中，了解员工的发展规划，并帮助员工做出适当的调整，从而为其提供更具针对性的培训。这样，员工才会更有学习的动力。

● **调控学习过程**

管理者通常不会作为员工学习过程中的“讲师”，他们更愿意聘请专业的讲师为员工进行培训，尤其是集中性的培训，这么做可以为管理者节省大量成本并为员工提供更专业的讲学。但正如之前所说，公司不是真的课堂，员工也早已脱离了学生的身份。在这种“成人课堂”中，迟到、早退、开小差、无故离席等问题会更加常见。

外派培训则更是如此，由于管理者不在身边，员工经常会将外派培训作为一次带薪休假。因此，管理者需要对此进行监督调控，在客观上保证员工的学习效果。

● **促进知识应用**

既然投入了那么多的成本安排员工学习，投资回报率就成了管理者关注的重点。很多管理者发现，员工学习的结果多是“课上激动、事后不动”。之所以会出现这种问题，通常是因为员工在学习之后找不到应用的机会。

管理者首先要为员工安排符合需求的学习机会，之后则要为员工提供应用所学知识的机会。如果员工在充分学习之后,却发现“无用武之地”,那么,这种学习机会其实不要也罢。

有严谨的制度保护

我们知道，作为一个“自然人”，每个员工追逐的都是自身利益的增加。由于公司资源是有限的，员工与员工之间、员工与管理者之间、员工与公司之间都存在着各种利益冲突。这就导致管理者需要耗费大量资源通过各种激励手段来协调冲突，而各种激励手段对每个员工的效果却不一样。员工的工作效率也会在这种不良竞争中大打折扣。

所以，管理者必须在公司内部制定一个严谨的管理制度，以对每个员工进行约束和保护，从而实现激励效果的最大化。

松下电器采用了一套名为“经理人员”的制度，这些“经理人员”被任命为松下各事业部部长的副手，却统一归总部管理。每个“经理人员”都必须经过六到九年的特别培训，在管理、会计、税务等方面都能够独当一面才能毕业上岗。在工作中，“经理人员”首先需要协助事业部部长管理事业部的发展，其次每月都要向总部进行详细的工作汇报，必要的时候，他们还能否决事业部部长不符合公司利益的资金调动要求。

“经理人员”制度实际上是为了实现分权和集权的目的,在各事业部内部,对事业部部长的权力实行分割，并将财务上的领导权集中在公司总部。正是这样相辅相成的权力设置，让每个员工都可以在一个相对公平的环境中工作。

松下的“经理人员”制度是对分权与集权的应用。但是，随着松下电器的不断扩大，事业部逐渐增多，松下电器的管理成本逐年增长，而其协调能力却逐渐下降。于是，松下电器又对“经理人员”制度进行了改革，形成综合本部制度，通过设置三个综合事业本部对各事业部进行集中管理，增强了同部门员工间的协调能力，也有效地减少了不同部门员工间的冲突。

正是这样一个严谨的制度，让松下的员工工作效率得到了最大程度的提升。

- **注意层级性**

任何一个公司内部都有着不同的层级，不同层级的员工在组成、任务、专业性等方面都存在极大的差异，而针对不同层级的员工所采用的激励手段也有所不同。松下的公司制度很好地体现了这种层级性，通过严格的层级划分，将员工进行分类，从而提高激励手段的针对性。

- **提高互动性**

管理者与员工之间存在着极强的互动性，对员工需要激励，对管理者同样需要激励。松下的“经理人员”制度就最大程度地提高了这种互动性，松下电器十分重视对管理者的激励，管理者也会更加积极地设计员工激励的方案。

- **重视多元性**

正是因为公司内部存在的层级性和互动性，同一种激励手段，对不同的员工或管理者的效果并不相同。这就需要公司采取多元化的激励制度，有针对性地选择物质激励、晋升激励或是情感激励等手段。

众多管理学者的研究都表明，员工的个人行为是通过制度来形成的。首先，我们必须明确，从长期来看，制度是员工与公司间博弈的结果。然而，从短期来看，制度对员工的行为具有绝对的影响。因此，一套严谨的制度对于员工而言至关重要。

没有一种激励方式对所有员工都有效，也没有一套激励制度适用于所有公司。制度的制定必须适应公司的发展，并最大限度地满足公司的发展需要和员工的个人利益，这样才能实现公司内部协调下的可持续发展。

● **初创期**

对于初创期的公司而言，最大的需求就是实现公司的快速发展，这就需要公司设置一套高提成、低底薪的制度，以激励员工努力提高业绩，从而尽快地提升公司的效益。

● **成长期**

经过一段时间的经验积累，在员工与管理者的共同努力下，公司已经具备了相当的发展前景。这时，公司的制度目标应在于如何留住人才，并扩充管理层。员工培训的加强、工作氛围的营造、交流平台的建立等问题就开始需要被重视了。

● **成熟期**

通过一段稳定的成长期，公司已经在市场上具有一定的地位，但公司也会遇到发展的瓶颈。愿景激励能够更有效地刺激员工的工作积极性。同时，公司要为员工提供更大的发展空间，领导者也要逐渐放权，让员工拥有更多发挥才能的机会。

第二章

薪酬激励：给予员工应有的回报

合理的薪酬奖励能激活员工潜力

市场上的人才是否愿意流入企业？

企业内的员工是否愿意留在企业？

留下来的员工又是否愿意发挥其最大的潜能？

这些都是管理者在制定薪酬奖励制度时所必须考虑的问题。

在过去，薪酬一直简单地被管理者看作是对于员工付出的回报。管理者对薪酬的认识停留在“你劳动，我给钱”的层面上。然而，随着人力资源管理理论的不断发展，薪酬已经不再是单纯的人工成本，而逐渐成为一种激励员工的手段。合理的薪酬奖励不仅能够使公司具有更大的吸引力，还能激活员工潜力，提高效益。

而合理的薪酬奖励制度必然建立在管理者对于员工“社会人”属性的认知上，通过综合分析员工的需求，相应地给予员工薪酬奖励，这才是薪酬激励的关键。

诺基亚就真正地制定出了一套“以人为本”的薪酬奖励制度，让员工感觉到了管理者的重视以及薪酬奖励的公平性。

首先，诺基亚开创了 IIP（Invest In People 人力投资）管理模式，管理者每年必须与每个员工开展两次深入的谈话，谈话的主要目的在于评估该员工的工作绩效和分析该员工的工作能力，通过对员工个人能力表现的全面分析，给予其相应建议、培训以及调动。通过 IIP 模式的启动，每个员工都能感受到公司对于自己的帮助和重视。

其次，诺基亚引用了“诺基亚员工的平均薪酬水平/行业同层次员工的平均薪酬水平”的比较率公式，比较率越高，诺基亚的薪酬竞争力也就越大。通过这一计算公式，管理者就能在充分认识到行业内薪酬水平的基础上，以最低的人工成本保持最高的薪酬优势。

最后，诺基亚通过 Ksm(重要员工管理制度)为重要员工提供相应的薪酬管理手段，通过对员工的分级，给予其相应的比较率薪酬，从而以更具竞争力的薪酬体系留住优秀人才。

诺基亚北京分部还结合中国的传统习俗，为员工发放节日福利和生日福利。虽然这些现金福利通常维持在 100 ~ 600 元的较低水平，但其却将诺基亚对中国员工的尊重表现得淋漓尽致，生日福利的发放也让每个员工感受到了公司对自己的关怀。

合理的薪酬奖励带给企业的益处不言而喻。

- **留住人才，保持人力资源优势**

正是因为这样一套合理的薪酬奖励制度，让员工看到了在诺基亚发展下去的希望，并心甘情愿为企业效忠，也使诺基亚从一家小造纸厂发展成为深受各年龄层消费者喜爱的手机制造商。如今，面对三星、苹果的挤压，手机行业竞争日趋激烈。在这个利润越来越稀薄的时代，诺基亚的核心人才却并未流失，他们正和企业一起涅槃，并欲在未来新一轮较量中复苏。

- **创造公平的工作环境**

诺基亚这种由浅入深、由面到点的薪酬奖励制度，让员工能够在公平的工作环境中努力工作，以赢得更高的薪酬奖励。

● **最大限度激活员工潜力**

诺基亚公司的管理者采取激励手段，最大的作用就是最大限度地激活员工潜力，以实现公司业绩的最大化。薪酬对于管理者而言，只是对于员工付出的相应回报，这里的付出包括员工通过对其知识、技能、经验的应用实现的绩效，也包括其为实现更大绩效所付出的努力、时间、创意。但对员工而言，薪酬奖励不仅仅是一种劳动回报，更是管理者通过薪酬奖励表现出的对员工的认可。薪酬有时也被作为员工对自我价值的衡量标准和发展前景的判断依据。

在经济学理论中，我们通常将员工看作是“理性人”，认为只要给予员工相应的物质回报或是绩效奖励，员工就会为公司发展出力。而在管理学理论中，员工开始作为“社会人”被管理者所认识。

波特（Porter L. W.）和劳勒（Lawler E. F.）在对薪酬激励理论研究的过程中，综合性地提出了激励过程综合理论。他们认为，员工的工作绩效其实是受到多种因素影响的。员工的个人能力和素质当然是其工作表现的基础，而工作环境、对管理者期望的理解以及薪酬的公平性都是决定其工作努力程度的重要因素。管理者只有实现内在和外在的薪酬统一，让员工切实地感受到只要努力实现绩效的提升就能得到更多的薪酬奖励，这样才能更好地激发员工的工作热情。

因此，一套合理的薪酬奖励制度对于管理者而言至关重要，同时管理者也必须注意其中的几点重要原则：

● **公平性原则**

公平并不是简单的一视同仁，而是要求管理者通过对每个员工的综合分析，将员工进行相应的分级。同级别的员工得到的必然是同等的薪酬奖励水平，而高级别的员工得到的必然是较高的薪酬奖励。只有实现横向和纵向上的公平，这套薪酬奖励制度才能真正地发挥其吸引力。

● **竞争性原则**

企业要在市场上维持其竞争力，就要保证其薪酬奖励制度的竞争力。如果同样的人才在你的企业得到的却是低于行业平均水平的薪酬，那么，就不会有人才愿意一直留下来。员工流动性高的企业，很难保证其发展战略的有效实施。

● **激励性原则**

在薪酬比较率较高的企业，一套具备激励性的绩效薪酬制度显得尤为重要。员工或许会愿意为了较高的固定工资而留在企业，如果只是“死薪水”，员工的工作积极性就会大打折扣。

● **经济性原则**

薪酬奖励是员工激励的核心环节，但管理者也要注意结合企业的实际情况。在对企业资金实力和预期利润等因素的充分考虑中，对薪酬奖励进行成本控制。一味地关注薪酬奖励的竞争性和激励性，企业必然会因人工成本的加大而利润骤减。

什么人应该被奖励？

奖励是管理者常用的薪酬激励手段，但管理者常常不知道到底要奖励谁。当然，奖励应支付给为公司做出贡献的人，然而每个员工对公司都有着或多或少的贡献，突出性的贡献通常又是由员工团队实现的，那么到底什么样的人应该被奖励呢？

2012年8月8日傍晚，百度Summer Party大会正式开始，当晚的重头戏是百度管理者李彦宏颁发百度最高奖。

百度最高奖针对的是百度总管级别以下的员工，只要该团队在过去的一年为公司项目做出了突出贡献、超额完成了目标或是有巨大创新突破，且团队人数在10人以内，百度就会给予100万美元的奖励。而在2012年的这场盛会中，李彦宏为三个小团队共28人颁发了300万美元的奖金。

2011年，李彦宏首度颁发百度最高奖，就以百万美金的奖励在业内掀起了轩然大波。每个人都惊叹于李彦宏的魄力，然而，正是因为这样的巨额奖励的刺激，百度所有员工都愿意发挥自己的最大潜能。

2012年，这三支小团队分别在服务器潜能激发技术、网盟关键词精准匹配技术、凤巢个性化投放策略中做出了突出贡献，让百度的技术竞争力优势更加明显。李彦宏在会场上说道："百度最高奖的设置是没有上限的，有多少团队符合标准，我们就会为多少团队颁发奖励。"

员工需要得到薪酬的激励，但并不是人人都应该被奖励。

- **准确性**

公司在奖励员工时，必须确保的是，这名员工做得比其他员工更好，这个团队实现的效益比其他团队更突出。百度最高奖奖励的都是为百度做出突出贡献的小团队，小团队简单的内部构成，可以确保奖金到达每个团队成员的手中。而团队人员过多或团队成员层级过高，就可能导致个别员工做出了贡献却没有得到奖励。

● **全面性**

既然公司需要对奖励对象做出考察，那么这一考察就必须是全面的。全面性首先表现在公司每个员工都需得到评估，其次则需要对该员工的每个工作细节做出评价。百度的众多员工中不乏积极创新的人才，但最终只有三个团队28人获得奖励，正是因为这28人所做出的贡献是公司内部最高的。

对公司做出的贡献有很多表现形式，如工作态度好、工作经验足、团队协调力强等，我们必须对其进行详细的评估，以确保奖励发放的公平。

● **工作业绩**

工作业绩始终是每个员工最直接的工作表现。

（1）任务绩效。每个员工都有着具体的岗位任务，这一任务是由其工作内容直接决定的。在每个阶段的工作之前，公司都应为每个员工制定具体的绩效指标，从而在阶段结束后，对员工的工作业绩做出直观的评估。

（2）管理绩效。对于管理人员而言，我们不仅要对其任务绩效进行考核，还要考虑其下属员工的工作业绩。

（3）周边绩效。由于公司的计划常常需要多个员工、团队或部门的合作，我们还需要对员工在团队中发挥的作用进行考核。

● **工作能力**

工作能力分为专业技术能力与综合能力。技术人员的工作能力更多体现在其专业技术上，而管理者的工作能力则需要被综合评估。工作能力的考核方式可以是技术考试，也可以是公司内部的评价打分。

● **工作态度**

工作态度的考核由于其本身的抽象性而有一定难度。我们可以从工作积极性、责任感、纪律性、协作性以及考勤状况五个方面进行评估。工作态度本身无法进行定量考核，我们就可以通过其他员工对被考核员工的评价，对这名员工进行一种定性评估。

● **附加分值**

附加分通常给予在日常工作中有突出表现的员工，附加分并不只是加分，也可以是减分。我们要根据员工平时所获的奖励或惩罚而定，附加分的计算必须严格符合公正、公开、公平的原则，以防止“潜规则”的发生。

每一次奖励应与实际工作挂钩

从20世纪60年代开始，美国人力资源管理研究的核心就转移到了员工激励上，在企业管理的研究中，激励甚至与计划、组织、控制一起成为企业管理的四大基本职能。美国通用食品的管理者就曾断言：“你可以买到员工的时间，可以买到员工的工作技能，甚至可以买到员工的人际关系，但你买不到员工的热情，买不到员工的忠诚。”

公司想要员工发挥最大的主观能动性，就要对其进行与实际工作挂钩的奖励。

在IBM，员工的所有创意和发明都可以得到“明码标价”的奖励，甚至是一条好的建议都可以在日本IBM得到最高数万日元的奖励。

从日本IBM的人事管理手册中，我们可以看到：

创意或发明有利于节约成本的，员工所获得的奖励为，其实施第一年内所节约成本的25%，其奖励金额为6000～27000日元；一年内节约成本超过120000日元的，其实施第二年所节约成本的10%仍可作为奖励，奖金数额无限制；节约成本无法量化的，由相关员工对其进行综合打分，按分数高低决定奖金多少，其奖励金额为6000～24000日元。

多名员工共同提出的创意、发明或意见，奖励平均分配。

发奖时，员工离职或退休的，奖金仍然发放。

奖励与实际工作的挂钩，使薪酬激励效果更加明显。

● **提升业绩**

将员工的实际工作尽可能地量化，将薪酬奖励融入到员工的业绩中，有利于刺激员工业绩的提升。IBM以创意发明所节约的成本作为员工业绩的衡量标准，将员工的实际工作最大限度量化，并据此给予员工奖励，公司业绩从而快速提升。

● **节约成本**

薪酬奖励偏向于实际工作表现优秀的员工，有利于提升员工的工作积极性，并节省管理成本和工资成本。IBM的“明码标价”使员工们清楚地知道，怎样才可以更快地获得更多的薪酬奖励，而公司并不需要投入更多的成本在员工激励上。

● **增强凝聚力**

奖励并不只是与员工个人的实际工作挂钩，也与团队的实际工作挂钩。IBM的奖励均分使团队内部不会产生利益倾轧，从而将团队各成员凝聚在一起，而团队也可以更容易地想出新的创意或进行新的发明，团队精神得到深化。

公司将奖励与实际工作联系在一起，不仅可以让给予员工的奖励有合理的依据，更能够最大限度地激励员工工作能力和创造性的发挥，并引导其工作与公司发展需求保持统一。

公司要实现奖励与实际工作的紧密联系，最直接的方法就是实施绩效管理。在我国，公司越来越愿意使用绩效管理来提高公司业绩，然而，有些公司在实施绩效管理后却并没有达到预期的目标，甚至员工的工作积极性还有所下降而产生相反的效果。

这并不是因为绩效管理本身有什么缺陷，而是因为这些公司没有建立起一套完善的绩效管理体系。

● **明确的业绩指标与目标**

很多公司在给员工的业绩指标中只是模糊地要求“今年业绩要翻一番”，然后就没有了。这就让员工们感到迷茫，不知道到底应该怎么做。

公司必须制定明确的业绩目标，对每个部门，甚至是每个员工的业绩都要提出明确的要求。销售部门要完成多少销售额，生产部门要实现多大的成本节约，财务部门要在哪些方面提高效率……同时，公司要针对这些目标制定具体的指标，指标的设置必须是可量化的，模棱两可的指标会导致考核中不公平现象的发生。

● **引入竞争机制**

引入竞争机制，就是要求公司对公司员工、团队、部门的业绩实施横向比较。但要注意的是，横向比较的基础是其业务性质相同或类似，销售人员与财务人员的业绩不可能进行横向比较。

在考核评估之后，对业绩不同的业务单元给予不同的奖励，第一名自然应该获得最高的奖励。这样，员工才会在工作中“勇于争先”，工作积极性也才能得到最大的提升。

● **合理的奖惩机制**

对于业绩目标的制定首先要做到合理、可行，难以达成的业绩目标只会打击员工的工作积极性。但公司可以在基本业绩目标之上，再设立“挑战性目标”。员工完成基本目标可以得到基本的奖励；而一旦员工能够达成“挑战性目标”，公司就应当给予超额的奖励；对于连基本目标都无法达成的员工，公司需要给予一定的惩罚，惩罚的实施还需要根据员工的工作态度而定，不应过度惩罚。

不可不知的潜在收益激励法

所谓潜在收益激励，通常是指向员工提供期权或是股权，以一种投资收益的形式支付给员工的薪酬。而期权或股权通常又是与公司本身有着直接联系的，公司的快速发展必然带来期权和股权的快速增值，员工收益从而得到扩大。

潜在收益对于员工，尤其是高级员工有着相当明显的激励效果。员工的级别越高，其基本工资的提升空间就越小。而为了满足高级员工的利益需求，公司就可以采取潜在收益的薪酬支付方式。

在美国，大多数成功企业的CEO年薪都不高，而像苹果前任管理者乔布斯、福特汽车CEO比尔·福特、谷歌创始人谢尔盖等人都只是象征性地领取1美元的年薪，甚至纽约市长迈克尔·布隆伯格、加州州长阿诺德·施瓦辛格的年薪也只有1美元。

当然，我们都能一眼看出，这只是公司发展的一个噱头而已。但是，这些CEO们的收益究竟从何而来？

惠普从2004年开始执行员工股权激励计划，玛格丽特·惠特曼在成为惠普新任管理者后，同样只有1美元的年薪。但根据员工股权激励计划，惠特曼有权以市场价购买惠普190万股的股票期权。而惠特曼每在惠普干满一年后，就可以得到10万股股权的奖励。惠特曼正是这样被绑在惠普的“战舰”之上的。

乔布斯的年薪也只有1美元，但他持有超过500万股的苹果股票，苹果作为纳斯达克的一个神话，其股价在2000年之后的10年间，翻了40多倍，从10美元出头到400美元不止。乔布斯逝世时手头的苹果股票价值已经超过20亿美元。

如上所述，成功的公司都在尝试股权激励，以更好地将员工与企业绑定在一起。

● **防止人才流失**

既然“金子到哪都能发光”，那么公司的优秀员工总会被其他公司所觊觎，员工也可能因不满公司的薪酬待遇而跳槽。惠特曼在惠普只拥有1美元的年薪，但巨额的股票持有量，让惠特曼愿意留在惠普以最大的创造力为惠普带来发展，也为自己带来增值。

● **摆正员工心态**

公司给予员工高股权、低工资的薪酬支付，可以帮助员工摆正心态，不盲目地为了薪资的增长而内部竞争，股价的提升需要的是公司的发展，也就是全体员工的共同努力。苹果正是因为其股权激励计划的实施，团队凝聚力得到极大的提升，所有员工都为了同一目标而奋斗。

员工与公司之间更多的是雇佣关系，而管理者与股东之间实质上也是一种委托代理关系。公司所有人不可能一直监督管理着手下所有的员工，包括聘用的管理者，员工的努力工作更多是依靠于员工的职业素养。

员工与公司的目标不一致时，公司的发展常常会忽略个别员工的个人利益，员工也可能为了自身利益的最大化而损伤公司利益。因此，我们需要以激励手段来降低这种“道德风险”。

股权激励可以很好地解决这一问题，员工手上的股权对其来说其实是一种潜在收益，而员工为了潜在收益的增加，即股票的增值，会愿意在工作中牺牲部分短期收益。这就保证了员工与公司在最大程度上达成了利益共识。

股权激励的运用通常有这样几种具体方法：

- **业绩股票**

我们可以在年初为员工制定一个合理的业绩目标，而只要员工能够在年终达成这一目标，就可以得到一定数量的股票奖励。但我们需要对员工持股变现设定一定的限制，这种限制可以体现在时间上，也可以在数量上。通过限定员工在几年后只能出售多少股票，我们可以预防快速变现使股权激励丧失其真正作用。

- **股票期权**

我们还可以将公司的股票作为一种期权，允许员工在一定时期内以某个价格购买限定数额内的股票。员工得到的实际上是一种购买的权力，当员工相信公司的发展前景时，就会行使这项权力来获得潜在收益。但无论其行权还是不行权，员工都会积极关注公司的发展，行权实际上是他们的行动目标。

- **员工持股**

员工持股是一种更为直接的股权激励方法，在薪酬激励计划中加入股权的元素，我们可以直接将员工拉到自己的阵营，即公司所有者。不论是无偿奖励、股权补贴还是购买权力，我们的目标都是让员工持有公司的股票，并不断加大其持有量。让员工与公司“一荣俱荣，一损俱损”。

IBM是如何有效激励的？

过去，管理者更愿意使用一种消极的薪酬管理模式，即扣工资。迟到扣工资、早退扣工资、旷工扣工资、业绩不达标扣工资……然而，薪酬作为员工工作的核心追求，消极的薪酬管理必然带来消极的工作态度。

随着经济的不断发展，人力资源管理模式也走向了改革，激励作为更为积极的薪酬管理方法越来越多地被应用。“表现好加工资，表现不好就不加”，这可以说是薪酬激励的核心内涵。当然，正如之前所说的，薪酬并不只是工资。IBM作为IT界的“蓝色巨人”，其成功的一个重要因素就在于有效的薪酬激励手段。

IBM的薪酬管理模式是很独特的，其薪酬管理更多在于对成功者的奖励和对平庸者的督促，而这种管理模式无疑是相当有效的，甚至逐渐发展成为IBM的“高绩效文化”。

IBM员工的所有工作表现都可以在其工资上得到体现，IBM的工资构成其实是十分复杂的，它与员工的所在岗位、工作态度、工作业绩等都有所联系。但是，IBM员工的工资并不会受学历和工龄的影响。学历只是一块“敲门砖”，而工龄就只是单纯的工龄了。

IBM员工薪酬管理的关键环节就是个人承诺计划书（PBC）了。PBC就是员工对自己未来业绩的一个保证，这个保证是建立在员工与上司的深入讨论之上的，上司要向员工阐述公司短期的发展目标，员工则要就此做出个人的业绩承诺，二者结合，并因实际情况做出调整确定后，这份计划书就成了员工的一份“军令状”。到了年终，员工需要接受从同事到上司全方位的打分，公司则根据这个分数给予员工薪酬加成。

IBM员工的薪资水平、职位晋升、培训计划等也都是依靠PBC的评估而来的，员工如果不能将自己的潜能应用在工作中，以最大限度地提高PBC的成绩，就无法实现自己的职业发展。PBC正是通过这样的过程，来实现其高效的激励效果的。

IBM从1996年提出并实施PBC模式以来，公司虽然遇到不少问题，却依然牢牢占据着IT业的霸主地位，个中原因不言而喻。

● **制胜**

员工在做出其个人承诺计划之后，第一也是唯一的目标就是，实现这一计划。不论员工需要付出多少的努力、面对怎样的困难，既然做出了承诺，就必须让公司见到成果。长期无法兑现承诺的员工不可能得到晋升或加薪。

● **执行**

虽然公司最重视的是员工的业绩成果，但员工的执行过程仍然是公司的关注重点。员工的工作态度和能力都会在执行过程中得到体现，IBM对员工执行过程的关注，有利于防止员工的消极怠工。

● **团队精神**

在 IBM，员工不可能仅凭借自己的能力就完成 PBC，管理者会在对员工 PBC 的修改中更多地加入团队合作的因素。公司是一个大团队，个人主义的员工只会破坏公司的团结，最终导致员工“各自为政”，工作效率低下。

所谓有效的薪酬激励，其中并没有什么特别的奥秘，其关键点就在于公司对员工的尊重。如果仅仅是依靠工资、奖金这些物质因素，员工并不会忠诚于公司。公司必须对员工的工作能力、职业规划等因素进行考虑，让员工可以更加自主地选择其业绩目标。有效的薪酬激励最关注的正是员工与公司的“融为一体”。

● **重视能力发挥**

公司对于员工的业绩考核不能局限于其业绩成果上，还要对其个人能力的发挥做出评估。公司通常不会为每个员工制定个人的业绩目标，然而，在统一的业绩目标下，不同工作能力员工的业绩考核成果就大大不同了。公司要对员工在工作中所发挥的能力程度进行评估，这一指标的运用无疑能够刺激所有员工提高工作积极性。而工作能力低的员工也会因为公司的重视而努力提高个人能力。

● **灵活发放奖金**

很多公司都非常乐于为员工发放奖金，这无疑是直接有效的一种激励方式。然而，有的公司却只是单纯根据员工的职位，固定发放着奖金。最终，这种奖金成为了基本工资的额外补充。公司必须严格按照员工的工作表现而发放奖金，表现优则奖金多，表现差则无奖金，奖金的数额也需要实时做出调整，特别需要注意的是，不要将奖金和职位挂钩。

● 业绩决定福利

福利的发放要更加注重公平，基本上来说，同一福利必须被所有员工都拥有。但在这一基础上，我们同样可以将福利与业绩联系起来，业绩好则享受的福利档次高，业绩差则只能得到基本福利。这样，公司就能在兼顾公平的同时，实现对员工的有效激励。

浦东大众的股权激励法

工资、奖金和补贴等虽然是薪酬的基本组成要素，但其激励效果更多是体现在对员工短期利益需求的满足上。然而，随着员工素质的提升，员工开始关注其长期收益的提高。正如之前所说，股权激励是提高员工长期潜在收益的重要方法。

已经有越来越多的国内企业开始进行股份制改革，并扩大股东规模。但其大多还只是管理者与股东的所有权共享，基层员工被排除在外。

上海浦东大众出租汽车股份有限公司是我国第一家实行股份制的出租车公司，它是由上海大众出租汽车公司（后来已更改为股份有限公司）等几家单位联合发起，经过一年多的公开募集股本组建的，于1991年12月24日成立，最终在1993年3月4日挂牌上市。

1997年9月18日，浦东大众召开了职工持股会暨首次会员大会，浦东大众的员工持股计划就这样展开了。在这次大会中，共确定了2800多人的持股会会员身份，他们以每股1元的价格持有了上海大众90%的股份，员工以6800万股的股权份额成为上海大众的最大股东。而浦东大众又以每股4.3元的价格，向上海大众转让了20.08%的股权，这就意味着，持股会成员通过上海大众持有了浦东大众2600万股股份。就这样，员工成为了浦东大众的“话事人”。

浦东大众与其员工就这样结成了利益共同体，实际上，20.08%的股权已经足够上海大众企业管理有限公司掌握浦东大众的决策权，而90%的股权又让员工持股会成为上海大众企业管理有限公司的绝对决策者，浦东大众已经成为了员工们共有的一家公司。这就从根本上解决了股东与员工的利益冲突。

在浦东大众的股份制改革中，员工必须出资购买公司的股权，但1元的上海大众股票和4.3元的浦东大众股票，实在是一个优惠到“吐血”的价格了。虽然公司规定总经理、党委书记必须持有20万股的股权，但相对于持股会所持有的股份就显得微乎其微了。持股会对各级员工所能持有的股份做出了一定的限制。在浦东大众，基层员工最多只能持有2万股股权，出租车队长的股权则被限制在5万股以内。

与大多数公司员工持股计划类似的是，一般情况下，浦东大众的员工无法对所持有的股权对外做出转让或出售，但可在公司内部转让。若员工因为各种不可控因素离开企业，如调离、辞退或死亡，那么，员工所持股份则由持股会收购，再另作处理。

正是在这样的员工持股运作下，浦东大众的出租车流动率远低于上海市其他出租车公司，每个浦东大众的员工都争取以最小的运营成本获得最大的业绩，从而以股权的增值带动自身利益的最大化。

员工持股的意义在于，通过与员工分享公司的发展收益，并让员工参与到公司决策中来，从而最大限度地留住和激励公司员工。

● **帮助公司筹资**

员工持股计划的实施大多需要员工出资购买，这从一定意义上来说，就等于是公司的一个内部筹资计划。浦东大众的股权出售虽然价格低廉，但2600万股的股权出让仍为其筹集了1亿元以上的资金，这对于成长期的公司而言，实在不是一笔小数字。

● **替代公司上市**

在中国的股市现状下，公司想要上市已经越发困难。员工持股就等于为公司开发了一个内部交易市场，成为了上市的替代方案。浦东大众鼓励员工持股，同时规定员工持股不可对外流通，只能内部转让，这就形成了其内部股票市场。

● **激励员工**

一般而言，员工持股计划的实施通常会导致员工工资的降低，而大部分公司也将股权作为了员工养老金的替代品。但是，现金薪酬的降低并没有打击员工的工作积极性，恰恰相反的是，员工成为公司的所有者后，更愿意以一种“主人公”的心态参与到工作中去。浦东大众的持股员工几乎时刻想着为公司的发展添砖加瓦，浦东大众又哪有不成功的道理呢？

员工持股的激励效果已经无须赘述，但是，股份制改革、员工持股计划等都不是一件简单的事，这涉及股东权益的分割。因此，在实施员工持股计划时，我们必须谨慎而行。

● **可行性研究**

员工持股计划可行与否需要从多个方面进行考虑，国家政策的规定、公司的预期发展、股东大会的意愿、公司的财务状况等等，我们需要对计划进行充分评估，并做出调整，以确保其顺利实施。

- **公司股价评估**

员工持股计划从另一个角度看实际上是将公司“卖给”员工，既然涉及买卖，我们就要对要卖的产品有个正确的估值。若是公司股价被高估，那么，员工就不会积极参与进来，公司当然可以通过薪酬改革来“强卖”股权，但这样自然不会有什么激励效果。如果公司价值被低估了，员工自然愿意增加股票持有量，但公司原来股东的利益就会受到损伤。

- **确定持股比例**

说到底，公司还是法人和原始股东的，让员工持股，是为了最大限度地提升公司的效益。因此，我们对于员工持股比例必须做出详尽的分析，既要保证员工可以获得应得的股权，又要确保法人和原始股东的利益不会被过度分割。

- **建立管理机构**

大多数公司会通过对原有工会的改革，形成新的员工持股会，来对持股员工进行管理，以防止股权的恶意流通。当然，公司也可以聘请信托或是证券管理机构，以更加专业的措施保护公司利益，并保证对员工的激励效果。

沃尔玛的分享式激励法

公司所获得的利润是建立在员工付出的基础之上的，既然是员工的付出，我们就应不吝于与员工分享所获利润。利润的分享可以让员工切实感受到自己的努力成果，也可以让员工感受到公司对自己的重视，其意义远不止于薪酬激励，更是一种感性激励法。

分享式激励法是沃尔玛最先提出并应用的。在沃尔玛，每个工龄超过1年的员工，只要其每年的工作时间超过1000小时，那么，他就能参与到沃尔玛的利润分享计划中来。

沃尔玛首先制定了一套完善的工资管理模式，又提出了一个员工分享公司利润增长的公式，这样，沃尔玛就可以根据公司所获得的利润份额，以员工工资的一定百分比对员工进行分红计提。这份分红会被保留到员工离职或是退休，届时，员工可以选择以现金形式或是公司股票形式提取分红。

这份利润分享计划从1971年开始实施，当时的计提百分比为6%，在计划实施的第二年，公司就与128位员工分享了总值17.2万美元的利润额。员工的分红增长了，自然愿意更积极地工作，员工服务质量也随之提高，消费者也就更加愿意到沃尔玛消费。

由于沃尔玛一直保持高速的发展态势，员工都选择了将这些分红用于购买公司股票。一位沃尔玛的司机坦言，在1972年他刚进入沃尔玛时，沃尔玛管理者山姆就对他说，只要能在沃尔玛工作20年，就能得到10万美元的利润分红。这位司机对此其实是相当怀疑的，他在先前的公司中工作了13年，却只得到了700美元的分红。但是，20年过去了，他在沃尔玛的利润分享基金已经达到了70.7万美元。

还有一位名叫琼·凯利的员工为留在沃尔玛而庆幸。由于沃尔玛本身的工资水平并不高，琼·凯利刚进入沃尔玛时，她的哥哥一直劝她换一份工作。但琼·凯利却选择了留下来，没想到的是，在其成为沃尔玛一员的1年后，她就得到了8000美元的利润分享基金，又过了10年，沃尔玛已经为她预留了22.8万美元的利润分享。

山姆在回忆沃尔玛的利润分享计划时，说道："其实，在1970年，沃尔玛开始发行股票时，我并没有意识到利润分享的重要性。当时，由于对公司负债的考虑，沃尔玛的利润分享计划只适用于管理者。并没有第一时间将这一计划扩展到沃尔玛全体员工，是我事业生涯中的最大遗憾。"

在沃尔玛利润分享计划大获成功后，沃尔玛又提出了减少商品短缺的成本分享计划。每个超市都会遇到商品短缺问题，这里的短缺并不是指供货不足，而是指商品的失窃，由于消费者的偷窃或者是员工的"监守自盗"，超市都会有一笔数额可观的损失。

为了有效解决商品短缺的问题，沃尔玛提出了减少商品短缺的成本分享计划，每个分店减少商品失窃而节约下来的成本，都会与分店员工分享。这样，公司的利益再次与员工的利益合二为一，员工都积极地对商品进行监督，沃尔玛就这样拥有了行业内的最低商品失窃率。

沃尔玛的利润分享计划让我们明白了，要想公司的利润增加，就要让员工参与到公司利润的分享中来。

- **关注公司利润**

既然公司的利润就是自己的利润，员工自然会提高关注度，自觉地防止一切损害公司利润行为的发生。沃尔玛员工正是将公司利润"私有化"，而对商品失窃进行严格的监督，降低了消费者的偷窃成功率，也预防了内部员工的监守自盗。

- **提高工作质量**

公司利润的增加不仅在于成本的降低，还在于业绩的提升。沃尔玛的员工们愿意以更积极的工作态度，为消费者提供服务，因为消费者不再只是沃尔玛的“上帝”，更是每个员工的“上帝”。

利润分享计划是基于对公司利润的考核上，支付给员工的一种一次性的奖励，它的形式多种多样，可以是现金支付、股权支付，也可以是延期支付。具体而言，公司实施利润分享计划通常有三种方法：

● **固定发放**

一些公司选择了最为轻松的利润分享方式，那就是在每年或每个季度的利润汇算时，从利润中提取一定数额的资金，直接发放给所有员工。这样的做法当然简单，但“一碗水端平”却反而让个别员工感到分配的不公平。

● **绩效评估**

部分公司在对公司利润的评估基础之上，又对每个员工实现的绩效进行评估，从而根据每个员工的业绩分享公司利润。这一做法很好地促进了员工业绩的提升，但业绩较好的员工却常常会因此缴纳一笔不菲的个人所得税。

● **延期支付**

出于对员工税负成本的考虑，有的公司就采取了对员工分享利润基金进行计提的方式。以一定比例每月发放给员工，等到员工退休或离职的时候，再将剩余的利润分享基金发放给员工。这样，员工的税负成本就被最大限度地推迟并分摊了，但是，公司却多出了利润分享基金的管理成本。

第三章

晋升激励：为员工提供更广阔的发展空间

晋升途径规范化

晋升激励就是公司为员工提供升职的机会，从而达到激励员工的效果。而晋升激励最重要的一步就在于晋升途径的规范化。

晋升途径的意义并不局限于员工个人的晋升，还应该考虑到公司每个岗位的发展前景，为每个岗位上的员工提供一条明确的晋升途径。普通文员到高级文员、出纳会计到财务主管、仓储管理到物流经理……公司要避免的是，员工在多年的辛苦工作中，获得的只是薪酬的些许增长，毕竟，工作了10年的老会计不会愿意继续做着出纳的活儿。

老板必须认识到，钱不是万能的。海底捞十分重视为员工提供规范化的晋升途径，海底捞的员工有三条晋升途径可以选择。但其新员工首先都需要经历一个从新员工到合格员工再到一级员工的发展过程。

第一条，管理途径。海底捞的员工要成为管理者，就需要从一级员工再发展为优秀员工、领班、大堂经理、分店经理、区域经理、大区总经理，最终成为海底捞的副总经理。

第二条，技术途径。作为一家餐饮企业，技术同样是企业发展所必备的。当技术员工成为一级员工后，就需要向先进员工的称号努力，再通过标兵员工、劳模员工等，一步步地成为一名功勋员工。

第三条，后勤途径。后勤在海底捞是一个相当广义的概念，其包含了文员、出纳、会计、采购、物流等部门，相关部门的员工在成为先进员工后就可以以业务经理为奋斗方向，获取晋升机会。

正是因为有这样几条规范化的晋升途径，海底捞才能获得更多员工的支持。而这样做的好处是：

● **防止人才流失**

很多员工离职的一个重要原因就是：晋升途径的缺失。如果公司能够为其提供一条或几条规范化的晋升途径，员工就能“死心塌地”地留在公司。海底捞的员工都知道，在其他公司能够获得的晋升机会，在海底捞都可以获得，那么，何必要“跳槽”呢？

● **提高工作热情**

规范化的晋升途径，意味着公平的晋升机会。每个海底捞的员工想要获得更高级别的职位，都需要经历一个相同的晋升途径，谁都不能“跳级”晋升，谁也不会与其他岗位的员工恶性竞争。

公司为员工设置的晋升途径必须是规范化的，当然，晋升途径并不是唯一的，公司要根据自身的实际情况，做出决策。

● **直接晋升制**

直接晋升制是公司中最常用的一种晋升途径，那就是“子承父业”。每个员工的晋升途径，都是一步步地替代自己的直属主管。这是一种直线型的晋升途径，其优点在于途径明确。但缺点也是很明显的，主管下的多个员工争取同一个职位，这对于员工而言，竞争压力大的同时，发展空间也有限。对于公司而言，这种晋升途径只培养了员工的业务专精能力，对“多能手”人才的培养造成了阻碍。

● **水平历练制**

“轮岗制”是水平历练制的通常体现，公司可以为每个员工在直接晋升的基础上，设置一个考察期，让员工在考察期内到各岗位上进行水平历练，以考察结果决定是否晋升该员工。值得注意的是，这里的“各岗位”必须是员工将要担任的职位下辖或相关的，不相关的职位历练则显得多余。

● **双轨交流制**

双轨交流中的“双轨”主要是指管理轨道和技术轨道,员工可以“随时”在这两条轨道中做出选择。公司首先要保证管理轨道和技术轨道的发展速度相同，以避免专业技术员工“降级”晋升为管理人员而造成的工作能力浪费。

● **多途晋升制**

多途晋升制的关键在于晋升途径的多样化，新员工所任岗位并不一定是其最适合的岗位。公司可以在员工工作了一段时间后，为其提供多种晋升途径，主要体现在行政管理、部门经理和技术主管。公司需要通过对员工工作能力的评估，帮助员工选择适合的晋升途径，以降低员工的竞争压力和工作压力。

晋升标准合理化

公司制定了规范化的晋升途径后，就要考虑如何设置一个合理化的晋升标准。很多公司空有晋升途径，却缺乏合理的晋升标准，使员工无法感受到晋升的公正、公平、公开。我们要知道“互相猜疑”是对工作效率的最大浪费。

而要建立一套合理化的晋升标准，我们就要制定一套完善的考核制度并对其贯彻执行，确保考核成绩在员工晋升中的关键性作用。

每个公司都知道以业绩考核确认职位的晋升，但并不都能建立起一套完善的考核制度，麦当劳在这方面做得可谓“标准”。

在麦当劳，员工每个月都需要进行一次全面的业务考核。这项考核的内容包括：质量、服务、清洁、劳务管理、训练、书面作业、自我管理、仪容。除此之外，麦当劳还对管理人员的影响力进行全方位的考核，其又包括对下属、对客户、对门店以及所提意见的影响力。

在决定对某员工进行升职时，员工还需要经历自我推荐、公开评价、预先设定目标、事后晤谈、定期评价这样一套完整的晋升程序。

值得注意的是，虽然每个麦当劳的中心经理是业务考核的主要考核人，但每个中心的管理人员的评价意见都会得到考虑，而中心经理的评估也会被公布以保证其评估的公正性。

有了规范化的晋升途径，公司还必须为晋升设置合理的标准。

● **避免“资历晋升”**

晋升的最重要意义在于为公司选拔人才，而有的公司却忽视了晋升标准的重要性。在很多公司，员工只要在其岗位上熬上几年，就可以凭借其“资历”获得晋升。这在麦当劳不可能发生，每个员工的晋升都必须是因为其工作能力的突出。

● **提高工作效率**

公司为员工进行定期的考核，可以让员工感受到公司的关心。每个员工都会知道，没有好的工作表现，就不可能获得晋升机会。麦当劳的员工愿意为每次考核成绩的提高而努力，因为只有这样，才能晋升到更高的岗位。

员工晋升有其标准，而晋升标准的制定必须合理。另外，我们必须认识到，晋升并不一定是向上的，公司在设置晋升标准时，同样需要设置降级标准，若员工工作表现达到降级标准，我们就要对其进行降职。通过这种设定，避免员工在其职位上“尸位素餐”。

具体而言，我们可以从这几个方面考虑：

- **服从性**

公司对员工最基本的要求就是服从，员工要服从的不仅是公司的明文规定，还要服从公司的品牌文化以及社会道德。

（1）理解并遵守公司内部的各项规章制度；

（2）不迟到、不早退、不无故缺勤；

（3）仪表大方；

（4）言谈举止有礼有节；

（5）工作空间整洁；

（6）维护良好的工作氛围。

- **协作性**

员工的团队意识是公司实现发展的关键，员工的“各自为政”必然会导致员工工作效率的降低。

（1）管理者必须立足全局，协调各部门之间的合作，或是领导所属部门与其他部门展开协作；

（2）员工必须立足所属职位，在做好本职工作的基础上，通过与其他员工的合作，实现团队整体的发展；

（3）积极为公司发展提供意见或建议，以促进制度的改善；

（4）注重沟通交流，努力提高团队凝聚力。

- **积极性**

公司激励员工的一个重点就在于员工工作积极性的提高，而消极怠工的员工不应获得晋升机会。

（1）晋升欲望强烈；

（2）工作热情高涨；

（3）致力于提高公司生产水平；

（4）敢于表现自己。

- **责任感**

员工必须对自己的职位负责，对于没有责任感的员工，公司没有理由赋予其更多的权力，毕竟，权力与责任是对等的。

（1）检查自己和下属的工作情况及结果；

（2）对下属的过错负责；

（3）不推卸责任；

（4）尽力完成本职工作。

晋升程序公开化

晋升程序的公开化可以有效地保证员工晋升的公平性，晋升是否公平是员工工作积极性高低的重要影响因素。

公司如果无法保证晋升程序的公开化，员工就会怀疑晋升过程中是否存在“暗箱操作”，也会为个别员工“钻空子”提供机会。一个完善的晋升制度，其程序必须是公开的。

在每家麦当劳餐厅的办公室里，我们都会看到一张大大的布告板，这张布告板上写的并不是“每日工作计划”、“每日最佳员工”之类的内容，而是每个员工的姓名、职位、考核成绩、工资标准。

麦当劳将餐厅员工分为A级组长、组长、接待员、见习员，并对员工进行ABC三级的分级。

每个麦当劳员工的薪资水平都根据其所处职位发放，而其职位又根据其考核成绩而来。麦当劳的每次员工考核都会被公布出来，正是这样的公开化，让员工相信，只要努力工作，就会获得职位的晋升和薪酬的提高。

可见，晋升程序的公开化是保证晋升激励有效性的关键。

● **制度完善**

公司要做到晋升程序的公开化，就需要建立起一套完善的程序制度。麦当劳的晋升程序本身就保证了其公开的必然性，每次考核成绩的公开，能够最大程度地帮助员工进行监督。每位员工的考核成绩是否与其职位相适应，大家都一目了然。

● **沟通交流**

有时候，一套完善的晋升程序并不能得到员工的理解，这是因为缺乏沟通交流。当新员工进入麦当劳后，麦当劳首先会告诉员工晋升需要走怎样的一种程序。而在晋升的过程中，麦当劳也会积极与员工展开交流，听取员工的意见。

影响晋升程序公平性的因素有很多，从行业背景到公司制度再到程序本身，甚至每个员工的个人因素都会对此产生很大的影响。要最大限度地规避这些因素的影响，就要不断完善晋升程序制度。

一般而言，公司的晋升程序公开化可以参考以下步骤：

- **公布空缺职位**

当公司出现职位空缺时，该部门主管应该向人力资源部进行申报。人力资源部要对补充职位的必要性进行评估，并详细描述空缺职位所需的工作技能，归纳总结后，人力资源部要向经理汇报。一旦经理审核通过，人力资源部就发布公告，并展开相应准备工作。

- **公开竞聘考核**

人力资源部首先要对该职位的选拔方案进行公告，其内容主要是对职位的工作内容和能力需求的描述。然后，员工可以进行竞聘报名，或是由部门主管进行推荐。接下来，人力资源部门要对竞聘员工进行一系列的考核工作，包括书面考核、能力测试、自我评价、员工评价等，尤其要注意的是，对其他员工及其主管意见的收集。

- **公布竞聘结果**

考核结束，人力资源部对员工考核成绩进行汇总后，上报给经理。经理审批通过后，就可以向员工下达临时任命通知书，并公布竞聘结果。

- **试用**

员工在竞聘成功后，需要先经历一段试用期。在试用期内，部门主管、员工等都可对其进行监督评价，人力资源部还需根据其工作表现对其进行全面的考核。试用期满后，经理根据其考核成绩决定是正式任命还是重新竞聘。

晋升阶梯平台化

规范化的晋升途径必须与平台化的晋升阶梯相结合，这样，晋升激励才能达到其应有的效果。

每个员工都有其目标的职位，晋升途径为其提供了达到这一目标的道路，而公司还要告诉员工这条路该怎么走，这就是晋升阶梯的意义。

爱立信对公司内每个岗位进行了明确的分类，并为其设计出明确的发展阶梯。爱立信设置了九个相对独立的职位体系，并在每个职位体系中设置了不同的级别。

从员工进入爱立信开始，他们就会进行一次详细的职业规划，公司则会根据其职业规划告诉员工，可以晋升到哪个级别，晋升到该级别需要什么样的工作技能。

在爱立信的销售部门，一共有五个级别的设置，从最基础的工作岗位开始，公司对员工的绩效和技能都有具体的要求，并将之明确告知员工。

在服务顾问职位，爱立信设定了六个层级。员工每次晋升，都需要经过之上两个层级管理者的考核。而到了之后的三个层级，员工的每次晋升还需要相当一段考核期。在最高层级的晋升中，员工甚至需要经过全球最顶尖的工程师团队的考核。

看来，晋升阶梯的建立是晋升激励的一个重要环节：

● **明确晋升阶梯**

晋升阶梯被建立起来之后，公司必须让员工真正地了解到这一制度。有哪些阶梯？阶梯所需技能是什么？需要经历哪些考核？爱立信的员工正是在了解到其晋升阶梯之后，才一步步达成自己的职业目标的。

● **打通晋升途径**

公司必须让员工知道实现晋升的步骤，这样，员工在工作中才能做到“有的放矢”。爱立信平台化的晋升阶梯，让员工不断努力提高业务能力，以通过公司设置的考核，并最终实现晋升。

晋升阶梯就是要告诉员工在其晋升途径上有多少岗位需要经历，只有通过一步步的考核，才能实现晋升。一个平台化的晋升阶梯，可以有效激励员工提高工作积极性。这就像是在一条沟渠中打造一个个阶梯，保证了水流在每个阶梯间的流动活性，员工也同样如此。

双阶梯晋升模式可以更有效地实现晋升阶梯的平台化，双阶梯晋升的重点在于为员工提供纵向和横向的晋升阶梯。纵向晋升就是专业技能的提高，而横向晋升则是向管理层的发展。

● **配套齐全**

双阶梯晋升的建立首先需要一套齐全的配套措施，包括工作能力测评、阶梯发展标准、工作表现考核等内容。只有这样，才能提高晋升阶梯的可行性。

● **公平公正**

既然是双阶梯晋升，我们就要保证双阶梯的待遇对等。同等级别的技术员工和管理人员，其薪酬待遇必须是相同的。需要注意的是，技术员工同样有权参与公司决策。同阶梯的员工在公司中具备相同级别的行政权力，这样才能将所有员工团结在一起。

● **区别对待**

技术人员与管理人员工作性质的不同，使公司不可能在所有方面都对其实现一致化。实际上，公司在资源分配上，要优先考虑技术人员的需求。毕竟，管理人员可以更大程度地享受公司发展的红利，而技术人员才是公司发展的基本动力。

● **可转化性**

技术人员和管理人员应该是可以相互转化的，技术人员可以进入管理层，管理人员同样可以转化为技术人员。当然，转化的前提在于员工的工作技能达标。公司还需对其转化进行考察以确保对公司发展有利。从原则上来说，高层员工的工作经验更为丰富，我们并不鼓励其相互转化。

尝试使用非职务晋升激励法

由于公司职位的有限性，公司可以尝试使用非职务晋升，以达到激励员工的效果。所谓非职务晋升，其实质就在于员工职务名称的提升，而在职务内容、所处层级等方面都不做调整。

非职务晋升的激励方法，正在被越来越多的公司所肯定并应用。

根据前程无忧对于非职务晋升的调查，在1000家被调查的公司中：

787家公司为员工设置了非职务晋升的晋升途径；

非职务晋升被应用最多的岗位是市场营销和技术研究，分别占到 54.1% 和 50.6%。

但在非职务晋升激励法的应用中，仍然存在一些问题：

57.5% 的公司表示在非职务晋升中，考核标准难以执行；

近 50% 的公司表示，非职务晋升的应用缺乏完善的培训支持；

虽然有 650 家公司为员工进行了非职务晋升的培训，但只有 8.4% 的公司培训体系是完善的。

非职务晋升是对职务晋升机制的补充，公司应尝试以此激励员工。

● **解决晋升途径单一问题**

由于职位的有限性，对员工进行职务上的晋升，就意味着某职务存在缺失，其原因可能是该职位员工的升职、降职或是离职。单一的晋升途径，使员工的晋升压力增大。而非职务晋升的应用，可以很好地解决这一问题。尤其是市场营销和技术研究等岗位，由于其管理层较为狭窄，更多的是依靠基层员工的工作，因此，非职务晋升可以起到很好的替代作用。

● **留住员工**

公司需要对员工进行定期的考核，而对于考核达标的员工，公司却长期不给予其晋升机会，员工的工作热情和积极性必然受到打击。在这种情况下，公司在确保考核标准完善、结果可信的基础上，对员工进行非职务晋升，就可以有效地达到激励员工的目的，并为公司留住员工。

虽然非职务晋升可以有效解决职务晋升的一些缺陷，但我们要看到的是，在非职务晋升激励法的应用中，仍然存在一些问题，我们必须完善非职务晋升制度，以避免激励效果的降低。

● **建立统一的考核制度**

考核制度可以说是非职务晋升应用中的一大难点，很多公司将员工业绩作为考核标准。然而，对于后勤部门而言，其工作并不能实现业绩的直接增长。因此，公司需要为员工设置统一的考核制度，以避免考核的“不公平”，并提高考核的效率。

公司要建立统一的考核制度，首先就要对各部门各岗位的情况进行评估，而对于实在无法统一的部门，可以依据评估结果为其设置单独的考核标准，从而确保员工晋升环境的公平性。

● **相应提升其薪酬水平**

我们必须认识到，非职务晋升与职务晋升存在着本质上的不同，非职务晋升说到底只是职务名称的改变，员工的职位层级并没有得到提升。那么我们就要给予其相应的薪酬水平的提升，以确保非职务晋升可以达到预期的激励效果。

一般而言，在非职务晋升中，我们应给予员工 5% ~ 10% 的薪酬增长。

● **完善与制度相关的培训**

员工有时并不能理解非职务晋升的存在意义，他们可能会认为，公司只是给自己的职务换了个名称和不多的薪酬增长，这和没有晋升有什么区别？为什么不直接加薪？

这就需要公司为员工提供完善的制度培训，让员工明确每个职务的工作内容和职责，并了解非职务晋升与加薪的区别。同时，公司要完善自身的非职务晋升制度，将非职务晋升与职务晋升结合在一起。

晋升永远只对少数人开放

领导者采取晋升激励的目的始终在于：以晋升机制促进员工自我提升，从而激励员工以更大的工作积极性提高公司运营效率。

而所谓晋升的使用必然会带来管理成本的上升，我们又必须保证高层级员工的精英性，因此，晋升永远只能对少数人开放。

李总在运用晋升激励时，就碰到了这样的问题。公司里面员工素质都差不多，比较突出的都早已经被提拔到管理岗位上去了，剩下的员工呢，要么是工作能力不强，要么是积极性不高。这到底是晋升还是不晋升呢？员工之间又没太大差别，到底要晋升谁呢？

经过我们的点拨，李总终于明白了，既然是晋升，那就一定是对少数的优秀员工开放。既然员工表现不优异，那么，就保留着晋升机会好了。但是，晋升激励作为一种有效的激励方式，也不能就这么弃之不用。

于是，我们一起商量出这样一个晋升办法：

1. 公司普通员工，工作半年（不含试用期）之后，就可接受部门经理的审核，评定为优秀者即可晋升；

2. 公司部门经理，工作一年（不含试用期）之后，必须接受总经理的审核，评定为优秀者即可晋升，评定为不合格者则降级处理；

3. 因公司需要或员工表现突出，可经总经理批准晋升。

办法公布后不久，李总惊喜地发现，原本那些积极性不高的员工都更加努力工作了，而工作能力有缺陷的也都通过自我学习努力成长。

晋升永远只能对少数人开放，决不能只是为了激励而晋升。

● **有选择的晋升**

领导者永远只能将晋升的机会留给优秀的员工，如果被晋升的员工缺乏精英性，则是不合理的晋升，员工自然不会“买账”。李总手上虽然有空闲的晋升机会，但他却没有轻易地使用，正是因为公司内部已经没有优秀员工可供晋升了。

● **给员工机会**

虽然只有优秀员工才能晋升，但公司要给予每个员工成为优秀员工的机会。如果员工不努力，公司不晋升，那么公司就不会拥有人才优势。李总为所有员工安排了定期的审核考评，优秀则升，不合格则降。这就最大限度地体现了晋升的激励效果。

当领导者把晋升作为一种激励手段时，必须认识到，晋升与薪酬不同，只要公司有钱，那么，随便公司怎么使用薪酬激励都好。但晋升就意味着，员工职位级别的上升，公司能否提供那么多职位给员工晋升呢？

我们只将晋升对少数人开放，正在于晋升激励相对于薪酬激励，存在着明显的不足之处。

● **晋升层级有限**

无论在什么样的公司，不管其公司规模大小、员工数量多少、资金实力是否雄厚，其职位的层级都是有限的。我们不可能在员工之上设置小组长、中组长、大组长、团队负责人、部门主管……即使我们真能放弃管理效率而这么做了，层级仍是有限的。获得晋升的永远只是少部分的优秀员工，而薪酬激励则可以被应用于所有员工。

● **晋升机会有限**

一旦员工被晋升，那么，该员工就会有相当长的时间处于这个职位，除非其犯错或再晋升。这就意味着，下级员工短时间内无法得到晋升，这就导致了晋升机会的有限性。薪酬激励则不同，只要公司有钱，员工有贡献，领导者就可以“无限”地给予员工薪酬激励。

● **与选拔机制相冲突**

晋升并不仅仅是一种激励手段，还是公司选拔人才的主要手段。公司要选拔人才，就只能晋升少部分的精英，而普通员工则无法得到这种待遇。

让晋升在竞争中产生

既然晋升只能对少数人开放，那么，如何确定这“少数人”就显得至关重要了。我们必须引入一套公平、公正、公开的竞争机制，以避免不合理的晋升对“多数人”的工作积极性造成打击。

说起管理，我们自然会想到向日本企业学习。但我们经常会发现，日本企业的内部竞争几乎可以说是不存在的。

日本企业基本都实行终身雇佣制，企业内员工想要晋升，基本都要靠“磨资历”，资历越老、晋升机会就越大。一般来说，对于同时进入企业的员工而言，其在10～15年之间，都不会存在职位和工资上的明显差异。日本的“轮岗”制度极为盛行，每个新员工都会在不同的岗位进行轮换工作，而薪酬与职位的脱离则极大地方便了这种制度的实施。

职位与薪酬的脱离，表面上看是弱化了晋升中的竞争性，事实上，日本企业的竞争机制尤为有效。

因为新员工都需要进行长期的轮岗工作才能得到晋升机会，所以，企业对员工的考评也是建立在其长期表现的基础上的。如果没有这样长期的基层工作，公司就无法真正了解员工的工作态度和能力；而如果不采取“轮岗”制度，公司也无法排除工作内容的差异对员工工作表现的影响。

我们要保证晋升在竞争中产生，但要避免恶性竞争的发生。

- **公平**

我们必须在最大限度上保证竞争的公平性，不公平的竞争必然导致不合理的晋升。为了保证公平性，日本企业都会尽可能地消除工作中的不公平因素，如职位、薪酬等因素的影响。

- **公开**

公平性的保证就源于其公开性，将晋升的全过程都在内部公开，可以消除员工对晋升的疑虑。很多员工看到别的员工得到晋升，都会问“凭什么”、“为什么”、“怎么选出来的”……日本企业不会让员工对晋升过程感到困惑，因为一切都是公开的。

晋升激励作为最有效的激励手段之一，却限于其有限性而无法得到广泛运用。那么，我们就该另辟蹊径，将晋升作为员工竞争的目标，利用其有限性激励员工成为公司的“顶级人才”。

通常来说，我们可以将以下几种方法结合运用，以实现公司内部的良性竞争。

● **基于年资的晋升机制**

将员工的工作时间作为晋升的衡量标准，有利于避免恶性竞争的产生。一般来说，员工的工作能力是随着其工作时间的增长而增长的。工作时间作为最公开的一个因素，不会因为管理者的徇私舞弊，而导致竞争的不公平。当然，工作时间是可以熬出来的，如果将之作为衡量员工晋升条件的主要因素，必然会导致工作能力突出的员工因为工作时间不够而无法得到晋升，工作能力较差的员工却凭借较长的工作时间而得到晋升。因此，我们要在考虑员工年资的基础上，结合员工平时的工作表现，决定其是否能够得到晋升。

● **基于绩效的晋升机制**

这是大多数领导者都乐于采用的考评标准，因为将绩效作为主要标准，必然会让员工在竞争中努力提高业绩，而直接实现公司效益的增长。但我们必须认识到，绩效确实能够很好地体现员工的工作能力和工作态度，但是，员工在当前职位能够取得优异的业绩，并不代表其在更高岗位同样可以有突出表现。而且，基于绩效的晋升机制会导致员工热衷于短期成效，而这也是恶性竞争产生的直接因素。

● **基于人际关系的晋升机制**

很多领导者会根据员工与自己的关系亲疏而决定是否晋升。不可否认的是，晋升与自己关系较亲密的员工，不仅有利于今后工作中合作的开展，也能够在感情上得到员工的认同和支持。但是，过分依靠人际关系决定晋升人选，则会忽视竞争机制的公正性，员工可能会认为这是领导者的偏袒，而忽视晋升员工的工作能力。

第四章

授权激励：
适度延伸员工的权责范围

权力与人性的假设

很多公司尝试采取授权的方法来激励员工，一般而言，员工都有向上发展的动力。而随着职位的升高和权力的扩大，员工就会利用这些资源实现自我价值。

因此，当我们给予员工以适当的授权时，员工就会以更高的工作热情，来取得更加优异的成绩，以回报公司对其的认可。

谷歌在其人力资源管理中，非常重视人性化管理，赋予所有员工参与公司决策的权力，并设计了多个渠道以实现员工的“行权”需求。

1. Google Cafes：这其实是一种沙龙式的项目，员工可以通过这个项目与团队内部的其他员工或是其他团队展开交流，实现互动。

2. Gmail：谷歌的每个员工都有权向公司领导人发送邮件，这个过程不需要任何中间人的转手。

3. Google Moderator：这是谷歌员工管理中最具创新意义的项目，Google Moderator 是一款每个员工都可以使用的工具。每个员工都可以借助这个工具向公司提问，并在全体员工的投票中，决定是否将其纳入公司的决策讨论中。谷歌的员工都可以在工作中选择自己喜欢的项目进行研究，当然，这部分时间最多只能占据员工工作时间的五分之一。

4. TGIF。谷歌每周都会举行一次全体员工会议，在会议上，每个员工都可以就任何公司问题，向所有公司领导人进行提问。

5. 组织调查。谷歌在员工之间展开调查的频率相当高，而这些调查的目的并不在于员工表现如何，而是员工对于管理者的感受怎样。管理者若在调查中被认为表现不好，则需要接受公司的再培训，才能重新上岗，这一培训时间通常在3个月左右。

谷歌管理者鲍勃针对这一系列项目说道："我认为，公司文化必须更趋人性化，给予员工改变工作环境的权力，无论是工作氛围、管理模式，还是公司决策，每个员工都能通过自己的努力对其进行改变，这样，员工才能找到其努力工作的意义，从而更富工作热情。"

可见，公司必须重视权力与人性的假设，这对于员工激励而言尤为重要。

● **"人类总是要求拥有快乐而不是痛苦"**

每个员工都希望在一个更加舒适的工作环境中工作，将工作作为一种乐趣而非煎熬。事实上，这对于大部分公司而言都是很难完成的。谷歌通过对内部社交联系的培养，努力促使员工之间的同事关系向朋友关系转变，从而让员工能够在交流中感受到工作的乐趣。

● **"人类总是要求得到尊重而不是贬抑"**

来自领导者的尊重是对员工最有效的激励，领导者对员工的不尊重、贬斥，会抑制员工的工作热情。谷歌的每个领导人都必须倾听员工的意见，员工也可以通过各种渠道表达自己的感受，这就给公司营造一个相互尊重的工作氛围创造了机会。

● **"人类总是希望有生存的意义而不是虚度一生"**

员工来到公司工作，并不只是为了薪酬，毕竟能够养活自己的工作有千千万，员工却来到了我们的公司。他们更希望在工作中实现自身的价值，而不是在虚度光阴中"白拿薪水"。谷歌为员工提供机会，并允许员工使用工作时间寻找工作的意义所在。

公司要管理员工，要将员工作为自然人和社会人，了解其必然属性，从而据此实现对员工的有效激励。

在现代西方经济学中，我们通常将人性假设为趋利的，每个人的行为都是为了实现自身利益的最大化。当然，我们对于利益的认识不能仅仅停留在物质层面，人类对于精神层面的满足同样表现出极大的积极性。

而根据这一假设，我们就要对员工授权实行有效的管理，给予员工得到权力的机会，但也要制约员工利用权力“假公济私”。在管理学日益发达的今天，我们可以采取这样几种方式来实现授权激励的有效性：

- **双向认识管理**

公司不会对不了解的员工进行授权，而在传统的人性假设管理理论中，管理者通常需要对每个员工都有极高的识别度，以达到用人唯才的目的。然而，由于员工之间的共同点与差异性都十分显著，管理者想要对每个员工都进行客观的评价，就显得十分困难。

因此，我们可以采取双向认识的管理模式，我们不仅要让管理者认识每个员工，同时，我们要保证每个员工对管理者都有直观的了解。管理者可以直接将自己的管理方法、性格特征、工作能力等信息都明确地告知员工，从而在双向认识的基础上，实现管理者与员工之间的“知己知彼”。

- **自助激励管理**

我们的一切管理模式都是建立在员工逐利的人性假设之上的，那么，我们在人力资源管理中，就不能仅仅关注公司利益的增长，还要确保员工利益的最大化。但如果公司对员工的工作动机缺乏了解，其所采取的激励方法甚至会“牛头不对马嘴”。有的员工需要的是物质资源的调动权，公司却给予其人力资源支配权，这种激励虽然也能有一定效果，但员工可能会觉得公司并不了解自己，最后甚至出现激励的反效果。

这时，我们可以让员工自助激励。公司事先要对激励标准进行详细的规定，员工则可以在做出贡献之后，选择自己需要的授权，甚至自己设计出一种授权模式。自助激励可以实现授权激励效果的最大化，员工的工作积极性、创造性、主观性都能得到极大的提升。

● **竞争比较管理**

权力的授予是有限的，员工为了自身权力的增长，必然会与其他员工进行竞争。然而，竞争也有良性与恶性之分，公司在制定授权的标准时，就应该充分考虑到授权方法对竞争模式的影响。

公司应该制定一套完善的授权制度，以鼓励员工在良性竞争中获取公司授权，以最终实现公司整体的良性发展。

为何领导者在授权时总是很矛盾？

很多领导者在授权时都表现出相当的矛盾性，授权的同时又惜权，很多领导者甚至采取了“授责不授权”的授权模式，名为授权，却只是授予员工职责，而不给予其相应的权力。

这种矛盾性通常是由于领导者对员工的不信任，出于对自身利益的保护而采取的集权管理模式。20 世纪末期各种授权的失败案例，使很多领导者对于授权“谈虎色变”。

1995 年 2 月 27 日，世界最顶尖的银行之一，有着 233 年历史的巴林银行倒闭了。这让很多领导者感到不解，巴林银行分行几乎遍布全世界，4 万员工的努力，4 个子集团的协作，它怎么还能走向倒闭呢？

这个金融行业巨头的悲剧式结尾都是因为一个人，因为一次授权。李森 28 岁时就成为了巴林银行新加坡分行的经理，在他短短 3 年的期货交易中，其一个人的业绩甚至占据了整个银行业绩的“半壁江山”。对于这样一个优异的年轻经理，巴林给出了自己最懊悔不已的授权。出于对市场多变性的考虑，巴林给予了李森“先斩后奏”的权力，以实现新加坡分行业绩的加速增长。却没想到，这次授权带来的却是巴林的“跌落深渊”。

由于日本经济的迅猛发展，从 1994 年年底开始，李森开始在日本股市大力“做多”，甚至未经请示，就开始进行东亚市场上的套汇衍生金融商品交易，以赚取各交易市场间的差价。这些都可算高风险的投资活动，而由于李森的特权，这些投资就在风险评估的缺失中开始实施了。

到 1995 年新年，李森所在的新加坡分行已经购进了价值 70 亿美元的日经股指期货，并在日本债券和短期利率合同期货市场上做了价值约 200 亿美元的空头交易。这就意味着，整个巴林银行在不知不觉间被压在了日经指数的赌桌上。

然而，没有谁是真正的“股神”。从 1995 年 1 月开始，日经指数骤降，而为了挽回损失，李森继续大量买进以托住日经指数上升。短短几个月内，李森就亏损了 10 亿美元。要知道，整个巴林银行的储备资金只有 8.6 亿美元而已。虽然英格兰银行及时伸出了援手，却依然无法挽回巴林银行的衰败。

在20世纪末期，授权成为公司管理中最炙手可热的词汇，而在之后10年，又成为领导者们避之不及的名词。

● **授权不是简单的权力扩大**

很多领导者将授权单纯地理解为员工权力的扩大。与员工能力不相配的权力，是达不到提升业绩的效果的。李森作为一个期货交易员，其能力无疑是令人惊叹的。然而，这并不意味着他就能成为一个分行的经理，更不表示他的每次决策都能带来收益的增长。巴林银行单纯的授权模式是其失败的关键。

● **授权的目的是执行力提高**

管理者并不都是“多能手”，随着公司规模的扩大，业务种类的繁多，使得管理者感到“心有余而力不足”。因此，管理者会选择授权，以分担自己的工作压力，让更有才能的人来负责自己不擅长的工作，从而提高公司的执行力和工作效率。

管理者如果对员工的忠诚度和才能充分信任，就应给予员工以充分的授权，并在管理过程中帮助员工使用权力。授权激励的根本目的就在于工作效率的提高和管理成本的降低。要做到这点，我们就需要在授权中，实现业绩、权力、责任三者的有机结合。

管理者与员工可以说是一个团队的两个层级，二者之间的利益冲突，使其必然存在着矛盾。我们在授权中，应努力调和矛盾，弱化冲突，以实现有效授权。

● **立足全局，掌控团队**

管理者通过授权以实现对员工的激励作用，并希望其能在公司发展中承担更多责任，提高权力使用效率。然而，员工说到底也只是公司中的一个个体，单独个体的优秀只能实现公司某方面的突出，而其缺陷却会造成全公司在发展过程中的偏差。因此，管理者在授权时，应立足全局，对员工进行事前、事中、事后的全方位考察，以避免公司走向“歧途”。

● **控制权力，把握尺度**

在授权时，领导者仍然要保证自己能够实时控制权力的实施，但一定要把握好其中的尺度。既要给予员工施展手脚的空间，以赢得员工的信任，最大限度地增强授权效果；也要把握住员工行权的方向和范围，以确保员工行权不会与公司发展相冲突，也能避免过度的授权带来的风险。

● **未雨绸缪，防患未然**

领导者应对权力进行充分的监督，通过采集员工行权信息，对员工行权可能带来的结果做出预判。一旦对其预判为负，领导者就应及时采取相应的措施，以最大限度地降低员工失误带来的负面影响。

● **主动引导，积极修正**

员工由于自身工作经历、工作能力的限制，在被授权之初，可能无法很好地适应工作内容的改变。这时，领导者就应对其进行主动的引导，以帮助员工尽快地将权力用于实处。在员工行使权力过程中，领导者若发现了什么问题，也应积极地对其做出纠正。这样，员工才能在权力增长中快速成长。

时效性是控制权责出轨的筹码

有些领导者可能会发出这样的牢骚："我给员工授权，就是让他帮我做事、帮我分担，如果还要我动不动就去监督去协助，那还不如我自己做好啦！"

这时，要控制员工权力，防止权责出轨，我们可以对权力的时效性做出限制，来减轻对权力的管理压力。

大亚湾核电站在运营时，就充分地考虑到授权的时效性问题。由于核电行业本身的高危险性，核电站的每个员工都需要经过培训才能上岗，这些培训的内容不仅包括工作内容和程序，还包括职责的重要性和失责可能带来的后果。

每个员工在执行任务之前，首先要经过培训取得工作资格，然后要获得主管部门的授权。也就是说，在大亚湾核电站，上岗的前提就是授权。

而大亚湾核电站的每个授权都是有一个有效期的，而且在必要的时候，核电站还能够对这些授权进行变更或取消。大亚湾核电站正是通过限制授权的时效性，来保证核电站的运行安全。

可见，无论是什么授权，我们都要对其做出时间上的限定。

- **规避风险**

权力的转移本身具有一定的风险，尤其是人事权、财务权等重大权力的转移，就更不要说核电站的操作权了。为了规避授权本身的风险，我们对其做出时限规定，就能防止员工由于对公司利益不重视而带来的风险。

● **提高效率**

有时限的授权，会让员工了解到权力的“紧缺性”，只有这么长的时间可以使用权力，如果员工不好好把握，就不能完成任务，下次也就不能得到授权。在大亚湾核电站，如果员工不谨慎地使用授权，就会被取消授权，重新接受培训，这就使员工不得不提高行权效率。

我们在授权过程中，必须注意其时效性。有些授权的时效性较为短暂，如主持一个临时会议；有些授权的时效性则是长期的，如定期考核员工工作。为所授权力加上一个适合的时限，是领导者实现对权力有效管理的重要方法。

那么如何确定授权的时效性呢？

● **信任程度**

授权的时限首先取决于领导者对员工的信任程度，换句话说，就是员工对工作的忠诚度。如果领导者无法对该员工的忠诚度充分信任，就应该缩短授权时间，以防止员工的不负责带来的损失。信任是授权的基础，而这源于员工过往工作的表现。

● **工作能力**

忠诚度决定了员工会不会负责任地使用权力，而工作能力则决定了员工能不能有效地使用权力。工作能力不达标的员工，领导者可以给予该员工“试授权”，以短时间的授权作为员工行权的“试用期”。毕竟，有没有权力对于员工能不能展示工作能力的影响也是颇大的。

● **行权历史**

对于初次授权，我们要对受权员工的忠诚度和工作能力进行充分考量。

而对于经历过受权的员工，我们还需要考虑其在过往行权过程中的表现。这其实是更具考量价值的因素，如果员工在过往受权经历中表现良好，我们就可以适当地增长其受权时限。

授权，需要一点点勇气

很多领导者平时说的最多的一句话就是“我忙啊”，他们往往事必躬亲，公司里的什么事都大包大揽，那又怎么能不忙呢？

这是因为领导者大多害怕授权，害怕员工得到权力之后会谋取私利，害怕员工不能妥善地使用权力造成工作更加紊乱，害怕员工受权却不尽责……其实，领导者授权，是需要一点点勇气的。

我遇见过一个学员，他也是个很有能力的领导者，在公司发展初期，几乎都是靠他一个人的能力。可是，随着业务的发展，公司的规模越来越大，他越来越觉得忙不过来了。

一直以来，公司员工遇到的不管什么事都要向他汇报请示，即使是买办公用品、换墨盒之类的细枝末节的事。到了最后，他的精力和时间几乎都用在那些琐事上了，却没时间去决定真正的大事，公司也再没机会更加壮大。

终于，有一次，他看着桌子上堆积如山的文件，实在是烦不胜烦，就把所有没意义的文件全部丢出去，让员工不要再什么事都拿来汇报。他又告诉自己的秘书，以后员工交来的文件，都需要进行筛选，一次最多只能交10份文件进来。

一开始，公司员工都觉得不适应，毕竟一直以来都是奉命行事，突然让他们自己做决定，反而会有点缩手缩脚，不知道怎么办才好，想去请示老板，又怕老板发火，就只能硬着头皮自己干了。

结果，一段时间下来，公司运行并没出现什么问题，反而工作效率更高了。员工遇到什么问题，都可以自己直接解决，而不用等着老板给指示了。这个学员呢，也有了更多的时间去考虑公司进一步发展的大问题，公司发展战略也更加明确了，他尝到了权力下放的甜头，也就越来越敢于授权了。

给予员工授权并不是一件简单的事，领导者需要敢于授权。

● **从小到大**

直接将管理权力授予员工，对于领导者而言，可能有些困难。这时，我们可以尝试从较小的权力下放开始。这样，就可以慢慢地培养受权员工的行权能力，一步步地从小到大。

● **体验授权**

不体验授权就不会知道授权的优点，领导者不敢授权，往往是“理所当然”地揣测，并没有实际地去尝试、去体验。领导者要体验授权，只有体会到了授权的好处：既提升了员工的工作效率，又增强了员工的工作热情，才能敢于授权。

领导者之所以缺乏授权的勇气，之所以害怕授权，就是因为对员工的不信任，有时即使是授权了也会不断插手员工的行权。没有授权、受权被插手，这些都是员工激励中的消极因素，员工在工作中就会想着：“这些事都有领导把关，我也不用负责也没那个权力，做到差不多就好了。”对于公司而言，“差不多”就意味着工作积极性的缺乏、责任感的缺失。

其实，领导者对于员工的不信任完全是没必要的，员工懂得其实比领导者更多，他们在自己的岗位上工作多年，工作能力肯定比领导者更强。员工对于公司所遇问题的认识可能也更透彻，毕竟员工在工作的第一线，对信息的了解更加直观。

可以说，对于授权这件事，领导者的心态很重要。

● **充分信任员工**

领导者决定对某员工进行授权时，首先要对该员工的能力和忠诚充分信任。而既然是自己信任的员工，我们为什么不给予员工更多的权力为自己办事呢？一旦决定授权之后，领导者就不要过分干预了，毕竟权力已经给了员工，领导者还总是“插手插脚”的话，员工就不知道该如何自处了，一切听领导的？还是自己的权力自己做主？

美国内陆银行管理者拜伦就曾说过:“授权员工后，就完全忘掉这回事吧，不要再去干涉了。”当然,“不干涉”并不代表不过问，适当的监督还是必要的。

● **摆正自身位置**

领导者所要担当的角色更多的应该是一个决策者，而不是执行者。领导者应该制定更适合的发展策略，总结出更好的工作方法。接下来，就可以都交给管理人员和基层员工去做。若是整天考虑那些小事，领导者又哪有精力去做决策。

● **不怕功高盖主**

领导者的作用在于统领全局，最大限度地挖掘员工的工作潜力。领导者应该给予员工权力，让员工放手去做，激励员工赶超自己，而不是畏首畏尾的，害怕员工取代自己。害怕授权其实是一种无能的表现，不自信的领导者又怎么能获得员工的忠诚呢？

● **不要担心出错**

美国管理学家艾德·布里斯说过："授权，就是把整个项目交给员工，也包括员工做决定所需的权力。"领导者既然信任员工的工作能力，就不要担心员工出错。授权的意义正在于激励员工全力以赴，相信员工可以完成任务。

只对一部分内容授权或临时性授权

很多领导者其实是敢于授权的，可是，由于员工能力实在有限、员工忠诚度过低等这样那样的问题，而不知道将权力授予谁才好。

这时，我们不妨只对一部分内容授权，或是临时性授权，以规避这些问题带来的风险。

王总觉得自己是公司的最高领导者，当然应该对公司的所有事务全权负责。而且，他认为公司里面实在没有什么可以信任的员工，能帮助自己管理公司。结果，不管是出差还是休假，电话都是从早接到晚，休假等于不休，谈判也要不停地出去接电话，以防员工真的碰着什么解决不了的大问题。

经过授权学习之后，他才醒悟过来，公司平时并不会发生什么大事，自己出差或休假的时间也都不长，这段时间，就让副总临时掌权好了，真遇到大麻烦，副总再联系自己也好。

有一次，王总又要出差了，这次是出国去谈关于海外市场开发的问题，要出去一个月。在国外，打电话也不是很方便，发邮件时效性又差。王总就决定，在这段时间，公司的所有大小事务都由副总负责。任命下达之后，王总就登上了飞往纽约的飞机。

在这一个月里，王总终于可以安心地与客户商谈合作事宜了，谈判也有了很大的进展。等到王总回到国内的时候，很忐忑不安，生怕看到一大堆烂摊子要处理。可是，等他到了公司，看到所有员工还是跟以前一样在努力工作。到了办公室，副总就交上来一份业务报告，王总发现，这一个月的销售额竟然比之前还上涨了15%。

原来，副总第一次受到这种授权，深感责任重大，又觉得是难得的表现机会。于是，副总在这一个月里几乎放弃了休假，先是与员工展开交流，取得员工的支持，员工遇到什么问题，他也都积极地去帮助解决。整个公司都在努力着，以给“不放权”的王总一个惊喜。

部分或临时授权，是授权激励的另一种有效形式。

● **规避风险**

权力的转移本身具有相当的风险性，很多领导者为了规避这种风险而“因噎废食”，这是完全没有必要的。领导者的精力和时间毕竟是有限的，也没有能力解决所有问题，这时候，将部分权力转移出去，或是临时授权，就能很好地集中精力办大事。

● **培养员工**

若员工从未得到过授权，领导者突然将权力都赋予员工，员工反而会不知所措。通过部分授权或临时授权，可以给员工一个适应的过程。培养员工行权能力，也是领导者在为将来的全面授权打下基础。

部分或临时授权是指，领导者在考虑到员工个人运用权力的能力和被信任的程度前提下，而给予部分或临时权力的授权方式。

一般来说，部分或临时授权有两种形式：

- **临时授权**

临时授权一般而言比较随意，大多是领导者口头授权，授权内容也都是一些日常性事务。临时授权的风险性较大，形式上并不正式，如果没有监督，员工就很可能对权力进行滥用。因此，临时授权并不适用于人事权、财务权等重要权力。

- **书面授权**

书面授权的形式较为正式，通过文件的签署，对部分或临时授予的权力进行责任控制，以防员工滥用权力。尤其是在重要权力的临时授予时，领导者一定要注意使用书面授权的形式，对行权范围、时间、责任等内容做出规定。

授权的监督艺术

很多领导者都不吝于授权，但有些领导者授权之后就真的是不管不问了。员工无疑会很感谢领导者的这种信任，但监督的长期缺失必然会带来权力的滥用。

员工一旦得到授权，就有了完成业务的责任，领导者就要对员工的行权进行监督。领导者的定期检查是一种有效的监督形式，而员工主动汇报制度的形成则可以看作是一种监督的艺术了。

沃尔玛作为当今世界最成功的零售商，它最大的成功之处就在于既善于授权，又善于监督。

随着沃尔玛在全球市场上的发展壮大，管理者山姆一个人的力量完全是应付不过来的。事实上，在世界众多巨头公司中，管理者无疑是只需做战略性决策的人。在沃尔玛的不断成长中，大批的管理人才不断进入到沃尔玛的团队中，而这些管理者都得到了充分的授权，可以对自己掌管的团队做直接决策。

授权与监督几乎成了沃尔玛的公司文化。每个沃尔玛的管理者都十分乐意给自己的下属授权，权力就在这种层层下放中，其使用率得到了最大化。沃尔玛甚至采取了“店中店”的管理原则，每个管理者负责一个“店”，从大区到城市到城市区划再到单独的门店，每个管理者都是自己“店”的总经理，拥有充分的权限。

沃尔玛使用的监督机制是信息共享，每个“店”都要将信息与其他“店”充分共享，沃尔玛每个门店的采购成本、物流成本、销售收入都是公开透明的。这就极大地方便了上级管理者的监督控制。

而山姆做的一件事，就是偶尔去看看监督是否是与授权同步产生的，有授权就必然有监督。

● **防止权力滥用**

没有监督的权力，就像脱缰的野马。正如权力与人性的假设所说，人都是趋利的，会利用一切资源实现自身利益的最大化。领导者给予权力却不进行监督，这对公司和员工而言，无疑都是不利的。沃尔玛从来不吝于给予员工权力，但每个员工行权的过程和结果都会被公开，以防权力滥用现象的发生。

● **增强工作自觉性**

如果领导者动不动就要去检查员工的行权情况，不仅员工会感到不适，领导者也会“疲于奔命”。事实上，领导者只要像山姆一样，要求每个员工的工作内容公开，那么，其他员工都会对此进行监督，看看他有什么权力、做出了什么成果、有没有谋取私利等，这无疑能让每个员工都自觉地行使权力。而山姆只需要偶尔去现场检查一下即可。

IBM 前任管理者郭士纳曾说过：“你关注什么，就去检查什么。”权力无疑是领导者关注的重点之一，利益则是领导者最重视的环节，那么，就去监督去检查吧，看看员工到底是怎样行权的、授权到底带来了多少收益。

作为管理者，我们首先必须让员工认识到，监督作为一种管理机制，并不是出于对员工的不信任，而是一种保护。监督的作用在于，领导者可以实时地了解员工行权遇到的问题，并帮助其解决，监督起到更多的是推动和保障作用，而不是牵制。

具体来说，我们可以从以下几个方面将对授权的监督变成一种艺术。

● **双面性**

监督可以从领导和员工两方面做起：

第一步当然是领导者的监督控制，在授权之前，领导者要告诉员工工作方向、工作目标、权力范围等，这样领导者就可以在授权之后有针对性地去监督。需要注意的一点是，财务权力必须要掌握在领导者或绝对信任的员工手中。

第二步则是促使员工的自我监督，自我监督始终是最有效的监督方式，信息公开、定期汇报等都是有效促进员工自我监督的手段。以这些机制去增强员工的自律性，领导者就可以在授权、监督之后拥有更多的“自由时间”。

● **竞争性**

每次晋升，都意味着员工可以得到更多的授权。授权既然是授予给有能力、忠诚度高的员工，那么，就让员工在竞争中表现出自己的能力和忠诚。这也为授权之后的监督减轻了压力，员工也会在竞争中更努力地实现自己的价值，以防授权被变更。

● **任期制**

每个岗位都要实行任期制，尤其是在管理层。员工任期一满，就要对其进行晋升、轮岗、降职等，以防长期授权造成的员工思维固化。授权必须有时效性，即使是连任，也要规定任期，这样，权力就不会长期停留在某个员工手中，就可以有效地促使员工的自我监督。

授权有时也是犯错的开始

我们知道，做的事情越多，犯错误的可能性越高；不做事，自然就不会犯错误。很多领导者为了防止犯错，而不愿意授权。事实上，即使是领导者自己，也不能保证行权过程中不犯错。

我们必须认识到，授权有时也是犯错的开始。但是，只要员工不是重复相同的错误，不是犯下重大的错误，我们就应该原谅犯错，甚至鼓励犯错。

在华盛顿商界，有这样一个著名的故事。有一位叫蒂芬·埃特利的企业家，一次他要乘飞机去伦敦，结果，秘书却给他买了一张飞往东京的机票。秘书当时非常忐忑，这错出得太离谱了。蒂芬·埃特利却没有惩罚秘书，反而真的飞去了东京，还给了秘书100美元的奖励。这结局对大家来说，就有点儿更离谱了。但是，秘书在之后的工作中就再没出过错，蒂芬·埃特利每次交代的任务几乎都得到了圆满的完成。

奥尔埃冷冻食品公司甚至为犯错举办专门的庆祝仪式，当然，这里的犯错是指创新活动中的犯错。当员工得到授权，却因为犯错而造成任务失败时，公司会直接接手这个项目，以挽回造成的损失。但为了维护员工的工作积极性，公司就专门举办一个庆祝仪式，让员工了解公司的谅解。

大众广播公司还推出过一个名叫“被抱怨奖”的奖项，为那些被抱怨最多的创意颁奖。1995年，大众的副管理者就颁布规定，每个电话接待员接电后都要以“这里是大众广播公司”开头，而且必须是朗诵的语调。结果，这位副管理者就成了当年的获奖者。

授权中出现一些错误是难免的，100%的完成任务对于员工而言，并不是一件简单的事。

- **原谅犯错误**

员工在行权过程中犯下一些无可厚非的小错时，管理者应该以宽容的心态原谅这种错误。蒂芬·埃特利没有责怪秘书买错了机票，因为秘书每天都要忙于很多琐事，买错一张机票其实并不是什么大的过错，重买就是了。而蒂芬·埃特利不仅没有惩罚甚至还给了奖励，这其实比责怪更加有用，员工会在自责中自觉地避免再犯错。

- **鼓励新错误**

创新无疑是公司发展的最大动力，犯错上的创新也同样如此。当员工犯了什么前所未见的错误时，我们应该感到惊喜。因为这个新错误说不定会成为造成公司“溃堤的蚁穴”。奥尔埃对员工在创新活动中的犯错其实是鼓励的，创新活动本来就无案例可循，错误的发生其实是完善方案的契机。

我甚至认为，公司可以每周或者每月在公司选出一个“犯错王”，大家可以一起来开开无伤大雅的玩笑。这不仅能激活公司的学习氛围，让员工在犯错中成长，更能让所有员工都努力避免犯错，避免成为“犯错王”。

事实上，只要员工在受权后犯的错误可以得到及时的纠正，损失在可接受的范围之内，我们就不妨原谅员工甚至是鼓励员工犯错。

- **鼓励员工犯错，但不允许重复犯错**

有的领导者对于员工犯错会有一种“歇斯底里”的反应——“这都能做错？这么简单的事都做不好，你还能做什么？你怎么这么笨啊？”而这种反应只能带来一个结果，员工会为了避免犯错而不接手不熟悉的业务，遇到问题也不寻找解决方法而是直接汇报，最终，公司就在这种恶性循环下丧失了活力。授权对于员工而言几乎成了“洪水猛兽”。

我们应该鼓励员工犯错，员工犯错后，首先会自己寻求解决方法，然后会向同事求救，最后则会交给领导处理。员工犯错，无疑是增强公司活力的一次契机。但要注意的是，重复犯错是不允许的，当一个员工犯错成为典型宣传之后，其他员工就应当避免犯相同的错误，犯错员工就更不用说了。

- **帮助员工解决，让错误成为“成功之母”**

在这里，我们可以引入这样一个公式：智慧 = 经验 × 反思的二次方。犯错可以说是员工行权过程中难得的经验，而反思则是员工成长的最大助力。领导者应努力帮助员工分析和解决问题，促使员工在犯错后进行反思，这样，员工的智慧就能得到“二次方的增长”，完成任务的成功率自然得到了极大的提升。

波特定律告诉我们，“总盯着员工的失误，是一个领导者最大的失误”。当员工犯错后，领导者当然可以对其进行适当的批评，但是，在批评之后，领导者一定要让员工认识到错在哪里、怎么改正，这样才能加速员工的成长，也更容易得到员工的支持和忠诚。

第五章

荣誉激励：
满足员工自我价值实现的需要

人人都希望被他人认可

希望被认可是员工永恒的心声。如何认可员工以达到激励目的，也是企业管理者关注的永恒的话题。

大部分企业指望用金钱和物质激励员工。这种激励方法虽然现实，也能取得一定成果，但结果的持久度却不长，因为暗藏于人心底的欲望是无止境的。企业不是慈善家，不可能无限发放物质奖励。正如心理学大师马斯洛在其“需求层次理论”中提到的，一个人只有在对生理、安全、归属感到满足后，尊重、自我实现的精神需求才会产生，并支配人的行为。如果管理者能不断满足员工的精神层次方面的需要，这种激励效果就会更持久。

如何满足员工精神层次的需要呢？

现代激励理论之父弗雷德里克·赫茨伯格给出了答案：令员工对工作满意度最高的因素是：获得认可。

在《2012年度中国企业激励调研报告》中有这样一组数据：

90.5%的人认为最有效的激励方法是获得领导和企业认可；

84%的人认为当业绩突出时，能获得精神层面的认可是对员工最大的鼓励；

84%的人认为最有用的认可是及时给予工作上的反馈；

80%的人认为对业绩突出的员工予以认可能点燃他们的工作热情；

77%的人认为给予员工认可能在无形中让员工提高工作效率；

69%的人认为给员工非现金(物质式)的认可能协助员工实现个人目标;

60%的人认为给员工非现金(物质式)的认可能协助员工实现工作目标,其中,72 %的管理者认为,给员工非现金(物质式)的认可,不管是即时作用还是长期效果都十分显著;

99%的管理者认为自己通过给予员工一定认可,获得了理想的效果;

在所有参与调研的600名企业员工中,77%的人认为当他们在工作中有所作为,或为企业做出突出贡献的时候,获得领导的认可是非常重要的。

透过数据显示的结论显而易见。

● **给予认可就是节约管理成本**

如果员工表现良好,管理者没有予以肯定,不管是当事人自己还是其他同事,都会认为不公平。哪怕只是口头上的认可,员工心里也会认为可以接受。

管理者给予认可与员工对领导工作的满意度,以及以后工作的积极性密切相连。认可的激励效应实则是帮助管理者节约管理成本。

● **给予的认可与绩效成正比**

从调查结果中不难看出,大部分员工都渴望获得上级认可。具体表现在认可员工的努力程度、行为表现或在某一任务中的特殊作用。一个人的能动性受主观意识的影响。员工得到管理者认可,工作时就会加倍努力,做出更大成绩。

美国的员工关系专家鲍勃·尼尔森在其调研中发现,现实中的大部分管理者只注重业绩,忽略了认可在绩效系统中的作用,甚至觉得认可与否和绩效没有必然联系。这样做只会令员工在漫长的职业生涯中,逐渐将仅存的工作热情磨灭殆尽。

如何才能恰到好处地给予员工认可，激励他们更加努力地工作呢？

● **认可应端正态度**

首先，从心理学的角度来讲，大部分员工对待认可的态度与物质奖励是有差别的。员工普遍认为，自己的上司在一周之内没有给予员工认可，这应该被记录在管理层绩效考核的系统中。换言之，员工希望自己的领导不要过于吝啬给予认可。

而管理者在表达自己的认可时，还应注意态度：

（1）认可员工的前提是给予信任。有不少管理者觉得表面功夫若做足了，给予认可并不难。曾有一位管理者感慨道："认可谁不会？这有什么难的？就是多夸别人几句呗！"其实不然，尽管管理者表面上显示出对员工的赞美和友善，心里却可能对员工是不信任的。而这种不信任导致管理者常常忽略员工的优点。久而久之，管理者也会对这种"表面工作"感到厌烦。

（2）认可员工最有利的条件是给予宽容。除了信任，一颗感恩、宽容的心也是管理者给予员工认可的必备条件。人无完人，如果管理者以自己心中的高标准自居，员工很难达到一定高度，甚至还可能不断犯错。若失去宽容之心，认可就会变得更加困难。

（3）认可员工最应展现的态度是真诚。给予认可时最好的态度就是展现自己的真诚。将心比心，发自内心的认可才会让员工感到舒服，而不只是为了激励而激励。

● **认可要落实到行动**

有了信任和宽容的态度，关键是要将认可落实到行动。

（1）第一时间给予认可。如果激励的周期太长，会令员工渐渐失去信心。认可的关键是要把握好频率和时间。其实，员工创造的业绩与身上的优点随着工作的深入，是随时、随处可见的。一旦表现出来，管理者最好当面认可，并且频繁进行。员工对待上司认可的态度并不复杂，管理者无需刻意考虑地点、时间等因素。只要发现有可被认可之处，就第一时间“秀”出你心里真实的想法。

（2）认可要有针对性。工作中的认可不是盲目地赞美或过分夸奖。员工在执行某项任务时，有特别突出的地方，也可能有个别瑕疵。这时，管理者就要有针对性地认可——认可他做得对、做得好的地方，指正他做得错、做得不好的地方。在指正时要注意言行和方式。不能“先给一个甜枣再给一巴掌”，巨大的转变反而会造成员工心理的落差。最好委婉地指正员工不足，或者私下里像与朋友谈心一样，在交流中给予指正，绝不是单纯地苛责。否则，之前认可的激励效果，就会前功尽弃。

赞赏是对员工最大的褒奖

每个员工都有受到赞赏的需求，领导者的赞赏其实是对员工认可的更直接表现，可以让员工了解到领导者的认同，员工也会以对领导者的信赖作为反馈。

有时候，由于业务的繁忙，领导者感觉没有时间去赞赏员工，并且认为这时候赞赏也是对员工工作效率的浪费。殊不知，员工也因为不间断的工作而负担很重，这时候，领导者的一句赞赏既可以缓解员工的工作压力，也能防止员工因为工作压力而倦怠。

由美国建筑大师约翰·波特曼设计的上海商城，从1990年建成之后就成为了上海的地标性建筑，众多影视作品都不吝于给上海商城一个出镜机会。

在上海商城的后侧员工入口处，门上张贴着一张巨大的标识牌。上面用中英文写着“Through these doors walk shanghai’s finest employees（出入这里的是上海最优秀的员工）”。

这个入口正对着大马路，每个路过的行人都可以看得到。很多人都会觉得这是上海商城的自夸宣传。其实，这真的只是上海商城写给自己员工看的，每天进来工作的员工都会告诉自己：“上海人都知道，我是上海最优秀的员工。”上海商城唯一的目的就在于激励员工向成为上海最优秀的员工而努力。

其实，从1990年至今，上海商城的硬件设施可以说是已经落后于同行了，可是，上海商城还是很多消费者的优先选择。这是因为，上海商城的员工真的提供了上海最好的服务，每个员工都心甘情愿地默默付出着。

每个商场都会规定员工用清洗液去清洗地毯，可是上海商城则不同，员工会先仔细观察，看是否需要用清洗液清洗，因为清洗液对地毯的损伤是很大的。这样一来，上海商城的地毯保持干净的同时，使用寿命也得到了延长。从这样一件小事，我们就可以看到，上海商城员工的工作热情是多么饱满。

员工们对领导者最大的期待，就是能够从领导者处获得赞赏。

● **带来成就感**

领导者的赞赏可以给员工带来极大的成就感，领导者的赞赏不妨适当夸大一些，这样员工更会向着领导者赞赏的样子去努力。上海商城敢于夸口自己的员工是上海最优秀的员工，员工就乐于去努力成为上海最优秀的。

- **节省激励成本**

赞赏几乎是最低成本的激励了，口头赞赏只是一两句话，书面赞赏也只是几张打印纸。上海商城只是在后门上挂了一张标识牌，员工的工作热情就这样被调动起来了。如果你不舍得加薪、不舍得授权，那么，就赞赏员工吧！

对于很多新员工而言，领导者或是老员工的赞赏是让他们融入公司的捷径。当员工来到一个新环境时，他们都会希望得到“权威人士”的认可，而一旦得到这张“入场券”，他们就会尽情地展现自己的工作才能。这时，他们表现出来的工作热情，几乎会令领导者感到惊讶。

一旦员工将领导者视作伯乐，那么，信任就会自然而然地产生，员工也会心甘情愿地接受领导，并努力完成领导者布置的任务。

当然，赞赏本身也是一件需要技巧的事。

- **赞赏要具体**

赞赏必须是针对某个具体事件的，如果没有事实依据，员工也不会将这当作是真的赞赏。“最近表现不错”，怎么看都只是一句寒暄，而不能作为赞赏。只有针对具体事件的赞赏，才能让员工印象深刻，产生激励效果。

- **赞赏要善始善终**

很多领导者习惯用“胡萝卜＋大棒”的方式跟员工交流，这种方法未尝不可，但我们一定要注意是先给“胡萝卜”，还是先给“大棒”。通常来说，重点都会留在后面，前面则是铺垫。如果以“大棒”作为结尾，员工则会认为这只是“欲抑先扬”。

● **当众赞赏效果更佳**

人们总是希望好事被流传，而坏事被隐藏起来。领导者在赞赏时，不妨当众进行，比如，在员工大会或部门会议上进行表扬，员工会感到“倍儿有面子”，赞赏的激励效果也能得到最大化。

● **赞赏要记录备案**

如果能够把赞赏记录备案，其效果将比单纯的口头赞赏更好。书面赞赏的形式更为正式，员工更能感到领导者的真诚，而且，领导者也能够通过备案了解员工的历史表现，对员工做出更全面的分析。

● **主动寻找机会**

赞赏本来就是一件可以随时随地做到的事，领导者完全不必等员工做出什么重大贡献的时候，再给予赞赏。每周选出几个表现良好的员工，在员工会议上对其进行赞赏，这并不是一件难事。

给员工一次自我实现的机会

最近几年来，中国的公司普遍面临着离职率增高的困境。这其实是因为随着员工教育水平的不断上升，其越发重视能否在工作中自我实现。新员工的职业观念又呈现出很强的多变性，忠诚度大多偏低，这就导致公司无法留住员工，公司也无法稳定地发展。

员工自我实现的需求不断增长，领导者就要关注每个员工的职业需求，并帮助其制定出合理的职业规划。人性化的员工管理，才能真正提供给员工自我实现的机会。

2012年，全国应届毕业生有680万名，这一年也被称作“90后大学毕业生入职元年”，新生代进入职场后，很多公司的员工都愈趋年轻化。

但根据前程无忧网的调查发现，公司员工的离职率随着员工的年轻化而增高。当公司“85后”员工达到70%时，员工离职率上升到21.9%，而2012年的全国员工平均离职率仅为16.7%。

智联招聘管理者郭盛对此有自己的见解："90后员工都偏向于自我价值的实现，他们不愿意做公司发展的‘螺丝钉’。如果他们在公司看不到自我实现的希望，他们就会选择跳槽。90后的员工平均半年就会换份工作，有的甚至一个礼拜都做不满就不做了。他们并不看重薪酬水平，能否感受到自己的价值成了他们的工作追求。”

中国青年报在2012年12月的一份调查报告中也表示，新一代员工中51.5%希望能在公司找到发挥才能的机会，48.8%希望个人的兴趣爱好得到满足。

郭盛认为，要应对高离职率对公司发展的桎梏，公司就应该采取更人性化的人才管理模式，以吸引和留住人才。

员工对于自我实现的需求，已经愈发强于薪酬水平的提高。

● 满足员工的精神需求

当员工的物质需求得到一定满足时，其精神需求就会极大提升。而随着社会物质水平的提高，大学生毕业后并不会愁于“没有饭吃”，他们更愿意找到一份能够满足自身精神需求的工作，他们对于就业的最大期望在于自我实现。

● **留住公司所需的人才**

自我实现的机会已经成为当今公司留住人才的最大优势，工资再高，“做得不开心”、“没什么前途”、“不是自己想做的”……员工都会义无反顾地选择跳槽，人性化管理的重点就在于帮助员工制定合理的职业规划并帮助其实现职业目标。

在马斯洛需求层次理论中，自我实现的需求是最高层次的需求。新一代员工自我实现需求的增强，对于公司而言并不是一件坏事。事实上，员工有了自我实现的需求，就会发挥自己最大的潜能去满足这种需求。

也就是说，只要公司能够提供员工自我实现的机会，员工就会以最大的工作热情投入到工作中去，以实现自身价值，同时，也必然会带来公司价值的增长。

而要真正为员工提供自我实现的机会，领导者就要立足于“自我实现人”的假说做出改变，而不仅仅将员工看作“经济人”。

● **管理重点的改变**

在“经济人”假说中，领导者只需在员工完成工作任务后，对其做出物质奖励或职位晋升即可。在“自我实现人”假说中，领导者则需要为员工创造一个能充分发挥工作能力的环境，工作环境的营造成为公司关注的重点，计划、组织、监督、控制等因素则需要稍稍排后一些。

● **管理人员职能的改变**

在“自我实现人”假说中，管理者更多应表现为一个记者的角色，他们的采访对象就是员工，采访内容则是员工的自我实现需求。管理者应努力为员工自我实现创造条件，通过对这些信息的充分了解，为员工消除自我实现的阻碍。管理者已经不再是指导者、调节者，而成为一个为员工自我实现服务的“服务生”。

● **奖励方式的改变**

“经济人”假设要求领导者以薪酬奖励激励员工；“社会人”假说则建议领导者多运用晋升激励和授权激励方式；而在“自我实现人”假说中，我们更需要采取一种内在性的激励方式，帮助员工在自我实现中，获得更多的知识和能力提升。只有内在奖励才能真正为员工自我实现创造机会。麦格雷戈就认为：“管理的唯一任务就是创造一个合适的工作环境——一个允许和鼓励每一个员工都能从工作中得到‘内在奖励’的环境。”

● **管理制度的改变**

要系统性地实现这些改变，领导者就要从管理制度上做出根本性的改变，以人性化的管理制度，为员工创造自我实现的机会。

公开承认员工的突出贡献

大部分员工都希望自己在做出突出贡献后，可以得到领导者的公开承认。绩效管理顾问贾尼斯·艾伦就发现，如果员工通过其他员工得知自己被赞扬，那么，赞扬的作用就更明显。

亚利桑那州的菲尼克斯公司在每个月底举办一次员工会议，会议的主要内容当然是对本月工作的总结和下月任务的发布。但员工最重视的却是，在会议上，管理者会对有突出贡献的员工进行公开表扬，甚至会邀请其主要客户到公司对员工进行表扬。

乔·安妮还在其公司的电梯口设置了一面“荣誉墙”。在这面墙的左边，员工大会上得到表彰的员工信息会被张贴，并详细描述其所做的突出贡献；而在右边，则是员工自由发挥的地方，员工可以在这半边贴上自己对其他员工的赞赏，或者展示自己所做出的成果。实际上，员工大会上的表彰很多是源于“荣誉墙”右边的内容。

在圣亚哥房地产委员会中，所有与会者都需要在卡片上写出其他与会者所做的贡献，经过整理，每个与会者都会得到关于自己的部分，之后，他们就要大声念出这些卡片上写的内容。

既然选择了赞扬员工，领导者就不该将其藏起来，公开承认员工的突出贡献是最有效的荣誉激励方式之一。

● **满足员工的荣誉感**

如果员工做出突出贡献后，得到的只是私下里的表扬，员工当然会感到欣喜。但员工更期望大家都能知道自己得到的表扬，但是，我们不能指望员工自己拉着别人去说自己的荣誉。因此，公开承认是很好的方法。

● **实现效果的最大化**

同样是表扬，私下表扬能够实现的激励效果着实有限，毕竟，公开了的才能叫作荣誉。作为领导者，无时无刻不想着的就是效益最大化。那么，都只是说一些话而已，既然当众说出来，可以得到更大的激励效果，老总们又何乐而不为呢？

公开承认一个员工或一个团队所做的贡献，不仅能让其荣誉感得到增强，还能促进公司内部相互学习的氛围。每个员工都希望获得荣誉，对于员工而言，既然别人能够得到，那么，向他学习就好。

● **鼓励员工认可自己**

当接受公开表扬时，很多员工会表现出不好意思的羞涩。谦虚作为中华民族的优良传统，被体现在员工激励中时，却成了对激励效果的削弱因素。很多员工会认为这次之所以能做出这么大的贡献，是因为有很多“运气”的成分。这时，我们就需要鼓励员工认可自己，帮助员工建立自信。

● **灵活运用表扬方法**

员工大会上的口头表扬确实是最有效的公开表扬方式，但是，员工大会不是能够经常举行的，这就错过了公开表扬的最佳时机。因此，我们可以利用部门会议、荣誉墙、公告等形式及时进行表扬，公开承认员工的突出贡献。

适当赋予称号和头衔

职位、权力通常都是有限的，薪酬激励又意味着成本的增加，而称号和头衔则不同，这几乎是“取之不尽用之不竭”的资源，而且没有任何成本。

IBM 公司为自己的员工开设了一个“100% 俱乐部”，只要公司的员工能够完成预定的年度计划，就可以成为这个俱乐部的会员。而“100% 俱乐部”在年终还会举办一次隆重的聚会，所有会员及其家人都会被邀请参加。除此之外，IBM 的员工还有机会获得“鹰奖”的称号。IBM 的员工几乎都将成为“100% 俱乐部”的会员作为自己工作的第一目标，他们都想家人和自己一起享受这份荣耀，也就是说，每个IBM员工都在努力完成他们的预定计划。

日本电气公司还在管理中开创了“自由职衔制”，领导者在激励员工时，可以自由地赋予员工称号和头衔，而不必局限在“代理部长”、“副经理”等普通的头衔，只要是与员工业务相关的，电气公司的领导者就可以尽情地为员工起一个好听的头衔或称号。打字员可以叫做“行政专员”，保洁工可以叫做“后勤专员”，电工可以叫做“技师”……

领导者完全不需要吝啬于赋予员工一些头衔或称号，要知道，这些头衔、称号带来的激励效果，对领导者而言，简直是“免费的午餐”。

● **增强员工工作热情**

随着员工精神需求的不断增强，每年辛辛苦苦的工作只是换来一两个月工资的年终奖，这实在没什么诱惑力。但如果能凭借圆满完成任务，成为公司的“顶级员工”，进入一个专属的圈子，如“100%俱乐部”，员工的工作热情则会增强不少。

● **满足员工自尊需求**

很多员工会感觉自己的职位名称实在是拿不出手，前台、打字员、文员通常会被认为是办公室打杂的，是可有可无的职位。然而，我们只需要换一个名称，“行政专员”无疑会让员工觉得更“拿得出手”一些。

随着社会物质水平和文明程度的提高，员工不仅期望能够得到物质奖励，更需要在精神上得到满足。荣誉可以说是精神激励法的终极手段，领导者首先需要引导员工的荣辱感不断增强，将称号和头衔作为对员工荣誉的具体表现，员工就会以此作为自己的工作目标而不断努力。

但是，领导者常常会发现，“优秀员工”、“先进分子”、“最佳员工”这些称号并不能带来实际的激励作用。这其实是因为，领导者并没有真正地重视荣誉激励的重要性，这些称号对于员工而言只是一种“糊弄”，员工感受不到其中的诚意。

● **针对性**

“优秀员工”、“先进分子”、“最佳员工”之类泛泛而谈的称号由于缺乏针对性，无法得到员工的认同。领导者不妨在赋予员工称号时，多花费一些精力，想一些更独特的称号出来。比如，生产部门的“最佳质量奖”、“成本节约奖”，销售部门的“年终销售王”，人事部门的“慧眼识珠奖”，等等。

● **唯一性**

有的领导者正是看中了头衔和称号的无需成本，在使用时几乎达到了滥用的地步，这个是“最佳”，那个是“最强”，几年下来，每个员工都顶着几个称号或头衔，这让员工还怎么能从中感受到荣誉呢?

● **配合物质奖励**

光秃秃的一个称号或头衔的使用，也会让员工感到太“虚”，我们可以配合一些物质奖励，这里的物质奖励并不是奖金之类的，而应该是特别的、配合称号和头衔的。管理者可以颁发一座奖杯、授予一块奖牌、一件特殊的工艺品……

授予非业绩性的竞争荣誉

如果领导者只关注员工的业务成绩，就必然会忽视员工的自我实现。而从社会心理学角度来说，经常提及员工的长处，就可以让员工在整体上表现得更加优秀。换句话说，如果我们能够正视员工工作之外的优点，员工的工作积极性也会得到提高。

在1991年时，松下有一个“不炒鱿鱼”的规定，员工在松下表现再差也只会面临降职、再培训、留职查看等惩罚。

那时，松下有一个模具工人就是个“老油条”，每天最迟上班的是他，最早下班的也是他，工作时也偷懒惯了，每天都只是随便做几个模具出来应付下差事就好。这种员工放到今天肯定是早就被“炒掉”的。但是，松下碍于公司规定，对他也是无可奈何。

结果，元旦的一次歌会却彻底“改造”了这个员工。原来，这个员工工作不认真，唱歌却是很有一手，就在那次歌会中，他的歌喉为他赢得了“松下歌王”的称号。令人没想到的是，那次放假回来之后，这位“歌王”几乎就像变了一个人，他不再迟到早退，工作也认真了不少，更积极地与其他员工交流学习了。

非业绩性竞争能够很好地帮助领导者在荣誉激励中做到不冷落不忽视。

- **让员工都有机会获得荣誉**

很多员工由于工作能力的限制，确实无法在业务成绩这一评比中成为公司员工中的突出表现者，他们常年默默无名，当然会觉得被冷落了。这时，我们可以采取非业绩性的竞争模式，给予员工获得荣誉的机会，让荣誉激励可以扩散到每个员工。

● **提高员工工作积极性**

员工如果长期得不到认可，看着周围的员工一个个顶着这样那样的头衔或称号，而自己却什么都没有，甚至每次业绩评比都“垫底”，他们自然会有一种自暴自弃的感觉。非业绩性竞争则能够帮助员工找到业绩之外的优势，让员工为了维护这种荣誉而更加积极地工作。

领导者之所以要采取非业绩性的竞争荣誉激励，正是因为它的扩散性。每个员工都期望得到荣誉，而一旦得到荣誉，他们就会努力做到最好。荣誉本身是对员工某方面优秀能力的表扬。而对于个体而言，他们会认为这是对整个人的肯定，这就激发了他们完善自身以维护荣誉的欲望。

● **开展非业绩性竞争活动**

既然要让员工获得这种荣誉，领导者首先就要创造条件，让员工有机会得到荣誉。在工作业余时间或是节假日，领导者可以举办各种形式的非业绩性竞争活动，以最大限度地增加员工获得荣誉的机会，毕竟，每个员工总有某方面是特别擅长的。篮球赛、羽毛球赛、歌唱比赛、辩论赛、舞蹈比赛等都是可以采取的活动形式。但领导者必须注意，活动形式必须能让员工广泛参与进来，如果搞个高水平的书画比赛，大多数员工就只能干瞪眼了。

● **与经营活动相结合**

如果领导者认为这样的活动是对工作时间的浪费，我们不妨将其与经营活动结合起来，以更加直观地满足公司利益需求。比如，辩论赛的举办，既然是辩论赛，那就必须有一个辩论的主题，这时，我们就可以将主题与公司经营相结合，比如，“质量是靠研发还是靠制造”、“管理者和员工谁更重要”、“要福利还是要薪资”，等等。再比如，运动比赛，我们可以以部门或团队为单位，将员工进行分组，团体赛无疑是提高团队凝聚力的最好方法。

开展评比活动颁发内部证书

在很多的公司中，都会举办各种各样的评比活动，评比确实可以让员工在“勇于争先”的氛围中更加努力工作。但很多领导者只是单纯根据员工的业绩完成度评比出一个“年度最佳员工”，奖项不多、奖品不丰。

既然要评比，我们就要制定一个全面的评比活动办法，并颁发内部证书，同时配合其他奖励。

2009 年，包装、塑料制品行业都处于一个高速发展的时期，尤其是到了 9 月份之后，物流行业的迅猛发展带动了包装、塑料制品行业业务的跳跃性增长。而为了在这种市场利好中“抢夺”更多的利益果实，提高员工的工作积极性，荣事达决定开展“星级员工”的月度评比工作。

“星级员工”的评比设置了包装生产、塑业生产、销售部门和其他部门四个单元。根据评比办法，10 月初的时候，各部门按照员工业绩和工作表现进行考核，成绩公布后，由全体员工评议选出 9 月份“星级员工”候选人。部门主管整合之后，填写“星级员工”推荐表将候选人信息提交到公司评审组。评审组经过审核筛选之后，选出 8 名“星级员工”交由管理者确认。

一旦确认通过，这 8 名“星级员工”就会得到公开表扬，对其颁发“星级员工”证书，并给予一定的物质奖励。

而员工要入选“年度优秀员工”，则需要至少连续三个月当选“星级员工”。

正是这样一套完善的评比活动办法，帮助荣事达在市场竞争中得到了更快的发展。

“评比 + 荣誉 + 奖励”的组合激励手段，无疑是对荣誉激励的完美应用。

● **竞争性**

评比活动必然会增强公司的竞争性，员工为了在评比中成为佼佼者，就必须努力提高自己的工作业绩。荣事达开展“星级员工”月度评比的初衷也正在于此，通过评比最大程度地激发员工的工作积极性，以带来公司销售额的飞速增长。

● **荣誉性**

员工往往热衷于在评比中获胜，因为员工或者说人都希望通过评比而赢得荣誉。通过评比获得的荣誉与领导者直接赋予的荣誉在本质上是不同的。荣事达不会直接给予业绩突出的员工以奖励，正是因为评比可以证明当选员工的优秀是实实在在的，员工才会感觉这样获得的荣誉更具说服力。

虽然评比活动是荣誉激励最有效的表现形式，但很多领导者在使用时却感觉收效甚微。这是因为，大多数公司的评比活动中，评比项目少、评比内容模糊、评比无特色。

● **增强针对性**

正如称号和头衔一样，针对性始终是荣誉激励中无法回避的问题。荣誉本身就是一种“华而不实”的激励手段，然而，很多领导者很实诚地将这种特性更加突出出来。学校里面叫“三好学生”，公司里面就有个“三好员工”；学校里面叫“积极分子”，公司里面同样叫“积极分子”……这种没有诚意的评比，只会让员工感到反感。

● **重视颁奖礼**

荣誉激励的本质在于名声，如果员工辛苦工作经过评比，好不容易当选公司的“优秀员工”，领导者却只是草草地开个会议汇报一下，那就有点“雷声大雨点小”的感觉了。公司可以借助评比活动，举办一次全体员工聚会，将颁奖礼插入其中作为重头戏举行，隆重的颁奖礼可以让荣誉激励的效果得到最大化。

● **颁发内部证书**

我们可以说，每个中国人都有一种“证书收集欲”。领导者可以为员工颁发内部证书，证书本身就是对员工所获荣誉的有力认可，制作精良的证书也让员工有珍藏和展示的欲望，员工的自豪感和对公司的认同感，就在无形中得到了提升。

第六章

目标激励：

让员工积极参与组织建设

共同的愿景指引员工向前进

愿景，是人们所向往的一个前景，它作为一个前进目标，并不像信仰那样难以统一，也不像计划那样时效性差。

建立一个共同的愿景，作为员工前进的方向，可以将员工的工作积极性集中在一起，真正提高公司的运营效率。

指甲钳是我们日常生活中必不可少的清洁工具，而在过去，我们是用小剪刀来剪指甲，可是，随着指甲钳进入市场，我们不得不惊呼“这发明太伟大了！”。

但是，到底是谁发明了指甲钳，又是谁将指甲钳发扬光大的呢？梁伯强是“中国指甲钳大王”，指甲钳刚进入市场时，很多企业家都不愿意经营，嫌它利润太低，小企业想进入这个市场却又缺乏必备的能力。梁伯强则不同，他经营的指甲钳公司成了中国第一、世界第三。“二片式指甲钳”是他发明创造出来的，“中国指甲钳行业标准”是他参与制定的，那么，他到底是怎样指引员工走向成功的呢？

从产生经营指甲钳的念头开始，梁伯强就开始自费到全球市场上去进行调查，并立志成为“世界指甲钳之王”。梁伯强用行动告诉我们，“你想成为什么，你就能成为什么”。而他的员工们也追随着他不惜一切地努力工作着。

梁伯强的技术投资之大，让人咋舌。公司成立之初，他就设立了超高标准的测检中心和研发中心，积极收集全球技术信息和竞争产品信息。业内的技术人才都被他重金收入旗下，大型经销商也都被他的让利所吸引。参与行业标准的制定，使他的指甲钳可以更容易成为行业领导产品。

梁伯强要成为“世界指甲钳之王”，国内指甲钳公司都嗤鼻以对、员工也不置可否。可当他的公司成为中国第一时，大家开始真正相信，这个小个子的男人真的有能力征服世界，员工也开始以最大的工作热情为此努力。

愿景激励其实是一种精神激励法，其最大的目的就在于将公司的追求变成每个员工的追求。

● 将公司战略与文化合二为一

公司战略为员工提供的是一个方向，公司文化则是激励员工的精神哲学。在公司发展中，方向最重要。梁伯强为公司设置的发展方向就是成为“世界指甲钳之王”，其公司文化就在于“你想成为什么，你就能成为什么”。正是二者的合二为一，使员工能够明确自己该怎样努力。

● 使员工追求同一目标从而激发潜能

我们知道，如今的员工最重视的是自我实现，愿景激励最大的优势就在于，将员工的自我实现与公司的价值统一起来。当公司发展成为员工自我实现的目标时，员工就会发挥最大的潜能为之努力。梁伯强正是带领着所有员工追求着同一个目标——“世界指甲钳之王”。

● 公司最高目标在于征服世界

愿景其实体现的是领导者的野心所在，“心有多大，舞台就有多大”。当领导者的着眼点在全球市场，一切战略制定都结合全球发展趋势时，这其实就是公司的最强愿景。梁伯强从来没有关注过国内市场上的“小打小闹”，对他来说，唯一的目标就是“征服世界”。

愿景激励的成本近乎于无，它只是一种对于公司未来的描述，以此激励员工为实现这一目标而甘愿付出。

其实，很多领导者在激励员工时都会用到这种方法，他们可能自己都没有意识到。领导者经常在与员工的谈话中，谈及公司的发展前景。这其实就是一种愿景激励，但效果却微乎其微。这是因为，领导者并没有系统化地运用这一方法，他们更多的是在谈话中随口谈及，模糊的描述让员工认为这只是老板在“画大饼”。什么“一年之后公司规模绝对不止于此”、“你的工资肯定能比行业标准高”、“不出五年买房买车”……其实，领导者在说这些话时，可能自己都不很自信。

要实现愿景激励，我们就要为员工画出一张真实的“大饼”。

● **清晰化**

愿景必须清晰明确，领导者在制定出一个愿景之后，就要提供一份可行性报告。让员工相信愿景可行、明确愿景内容，这样，员工才能甘愿并有效地为之努力。另外，我们需要注意的是，愿景的设置必须符合大部分员工的利益追求，当公司设置的愿景与员工利益明显相斥时，员工可能会直接选择离开。

● **持续性**

愿景作为一个追求目标，其实现的过程必然是较为漫长和艰难的，员工可能会对此失去耐性。领导者所要做的就是，不断提醒员工“愿景还在那里”，并告知员工“我们到哪了”、“我们快到哪了”。既然愿景激励是一个长期的过程，我们就要不断鼓励员工，让他们知道自己的努力是有效的。

● **自主性**

有的员工本身并没有什么发展规划，他们真的就只是想着“工资能比行业标准高”、“五年之内能买房买车”……这时，我们不妨帮助他制定一套发展规划，为他设置一个目标。当然，这一目标的设置必然是为愿景服务的。有了目标，员工自然能更加自主地完成任务，而不需领导者的时时鞭策。

让员工看到前方的无限风光

随着自我实现日益成为员工的追求目标，发展前途、工作成就的激励效果越发明显。相反的，工资、福利等反而被淡化。

愿景的设置正是对员工自我实现的解答，告诉员工，发展前途如何、能达成怎样的成就，为员工描绘出前方的无限风光。

在谷歌公司，当员工申请离职想要跳槽时，他们并不会像多数公司一样，给员工加薪承诺以留住员工。事实上，谷歌并不会采取任何行为去挽留要走的员工，挽留从员工进入公司就开始实施了。在对新员工进行面试时，谷歌的人事主管就会明确地询问员工：“你希望从这里得到什么？”谷歌留住员工的从来不是过人的薪酬水平，而是为每个员工描绘出一个无限风光的前景。

戴尔同样如此，他们会将员工得到的薪酬水平与公司的经营目标相结合，以此让所有员工认识到发展前景的重要性。戴尔经常会展开各种各样的研讨会，研讨主题也丰富多彩：如何营造更轻松的工作氛围？消费者的消费趋向是什么？我们的发展方向是怎样的？研讨会的开展，不仅让员工自主地为公司发展出谋献策，还能让每个员工将公司发展作为个人追求。

在一次关于“老员工为什么会留下来”的调查中，我们发现，42%的人事主管都认为，老员工是因为“习惯了”而不想离开；但事实上，同样有42%的老员工认为，自己之所以留下来，是因为“发展空间较大”。两者的共识在于，薪酬福利已经不是留下来的主要因素。而在这次调查中，关于“员工最想要从工作中得到什么”这一问题，55%的员工选择了发展前途，而只有38%的人事主管选择了此项；相反，42%的人事主管认为员工更想从工作中得到“更高的薪酬待遇”。

可见，是否有发展前途已经成为员工考量企业的主要指标，领导者必须努力让员工看到前方的无限风光。

- **吸引人才**

我们既然已经知道员工的最大需求就是有发展前途，那么，一个风光的未来可以吸引更多人才流入企业。谷歌的员工之所以选择谷歌，并不在于薪酬水平有多高，而是在于，在谷歌，员工可以选择自己最想做的工作，可以得到最大的发展空间。

- **留住人才**

人才流失率的居高不下，始终是领导者感到最头痛的问题。那么，我们就要先认识清楚，员工为什么会跳槽，是为了更高的薪资？还是更广阔的前景？根据我们的调查报告，发展前途如何始终是员工选择跳槽还是留守的重要指标。

很多领导者会选择忽视员工的发展前途，这其实是不可理解的。如果我们换一种角度去看，我们不难发现，其实员工的发展前途正是依托于公司的发展前景而生的。如果公司能够让员工看到前方的无限风光，员工自然会愿意留下来为之奋斗。

与薪酬激励相比，愿景激励显得更加有效。如果缺少好的发展前景，即使公司能够提供较高的薪酬水平、舒适的工作环境、和谐的工作氛围，员工也难以对这份工作产生认同感，也就不会将之作为“终身事业”而努力。

● **善用话语和信息**

我们通常可以将激励看作一种“煽动”，怎样的“煽动”最有效？答案是鼓舞人心的话语和振奋人心的信息。用鼓舞人心的话语激发员工的工作热情，用振奋人心的信息促使员工相信前景的可实现。在员工入职之初，我们就可以准备一出精彩的演讲来“诱惑”员工，之后，我们可以不定时地发布各种“利好”消息，不论是公司的技术研发、销售业绩，还是市场的蓬勃发展，我们要利用一切信息让员工不断地深入企业愿景中。

● **宣传成功的事例**

当然，再好的话语也比不上“用事实说话”。我们不妨多收集一些公司内部的成功事例，并将之大力宣传，从而提高企业愿景的认可度。要让员工看到前方的无限风光，就要先让员工看到老员工是怎样的风光。“大家都只是普通员工，既然老员工能够在多年努力工作后获得这样的成绩，那么，随着企业的进一步发展扩大，只要自己努力工作，又怎么会得不到这种风光呢？”

● **积极与员工交流**

让员工相信前景是光明的，并不是让领导者去“忽悠”员工，而是制定出一套系统的制度，明确方向、确认目标、协同努力。这就要求领导者积极与员工进行深入切实的交流，不是去“煽动”，也不是去宣传，而是脚踏实地地告诉员工其工作价值所在，以双向沟通实现互相认同。

帮员工做一份职业生涯规划图

公司愿景的设立是从公司角度出发的，而员工激励的关注点还是在于员工自身。因此，我们需要帮助员工做一份职业生涯规划图，让员工有明确的个人目标，以配合公司实现愿景目标。

卡莱特在其成立之初就建立了员工关怀中心，而关怀中心的一项重要任务就是帮助员工制作个人职业生涯规划。新员工在进入公司之后，部门主管就会与员工开展深入的谈话，谈话的目的就在于了解员工的全面信息，包括员工的兴趣爱好、能力素质、工作背景，等等。在此基础之上，主管就要帮助员工制定出一份明确的职业发展规划，以明确其发展方向。

卡莱特还会根据员工的发展阶段，为其量身制定发展策略。发展策略立足于其职位需求以及集团发展战略，而这一切也都充分考虑了员工的个人发展需求及能力。

帮助员工做一份职业生涯规划图，是促使员工有效地服务于公司发展的需要。

- **帮助员工认识自己**

要帮员工做出一份合适的职业生涯规划，领导者首先需要了解员工的个人信息，之后，领导者就可以站在“过来人”的角度对员工进行一次全面的分析，让员工认识到自己的优势及缺陷，从而能够在工作中有效“藏拙”。卡莱特为员工做的每份职业生涯规划，都建立在对员工的充分了解的基础之上。

● 帮助员工融入工作

员工只有充分地认识了自己，才能正确决定自己的发展方向，从而最大限度地发挥个人潜力。正如之前所说，员工激励的最大目的就在于挖掘员工的工作潜能。卡莱特会根据对员工的全面分析，为员工量身打造职业生涯规划图，以实现员工的优势最大化。

员工可以通过合理的职业生涯规划，选择最适合自己的发展路线，从而发挥个人特长，并最大限度地满足其职业兴趣。毕竟，只有有了明确的职业目标，员工才有动力努力工作。当员工制定职业生涯规划时，得到了公司主管的帮助，公司主管就可以在考虑员工能力的基础上，充分考虑公司的发展需求。

一个有了明确职业生涯规划的员工，其必然能在工作中感受到幸福。根据《哈佛商业评论》的研究，一个有幸福感的员工，其业绩水平会高出平均值16%，工作积极性会高出125%，忠诚度会高出32%。由此可见，管理者帮助员工制定职业生涯规划的重要性。

● 进行员工定位

合理的职业生涯规划的前提是明确的员工定位，员工定位要明确，领导者就需要对员工进行一次全面的评估。

（1）个人评估。员工的工作能力、兴趣爱好、性格特长等个人因素必须得到充分考虑，我们知道，工作能力决定了员工能否完成任务，兴趣爱好决定了员工是否愿意努力工作，性格特长则决定了员工与职位的“相适度”。员工的个人因素是其职业生涯规划的基础，个人评估是员工定位的必要环节。

（2）工作表现评估。员工的个人素质并不可能全部表现到工作中去，可能因为这样那样的原因，员工的工作表现与个人因素相差甚远。有的员工性格内向却能在营销时侃侃而谈，有的员工热衷技术却也能在管理岗位上做得井井有条，有的员工能力不凡却业绩平平……因此，工作表现评估是帮助员工正确认识自己的重要环节。

（3）工作环境评估。员工定位不仅要着眼于员工本身，还要考虑到员工的工作环境的影响。公司环境、社会环境、市场环境等都对员工的发展有着直接影响。如果忽视了环境的影响，职业生涯规划在实施中，难免会遇到各种计划外的问题。

● **确定生涯起点和路线**

既然是职业生涯规划，我们就一定要为员工设置一个明确的发展起点，起点才是职业生涯规划的关键。

（1）职业选择。职业是员工工作的根本，不论是在一个公司内进行轮岗，还是在多个公司间进行跳槽，员工都要对自己所从事的职业有一个明确的认识。该职业在公司内部处于什么位置？该职业的发展前途又是怎样的？这些都是我们在帮助员工进行职业选择时，所要提醒其考虑的。

（2）职业生涯路线选择。决定了自己职业生涯的起点，我们就要帮助员工决定发展前行的路线。每个职业都有着不同的发展路线，一般来说，我们可以将其分为技术类和管理类，员工可以选择工作技能专精或是成为管理人员。领导者在参与中应结合公司人才需求对员工做出指引。

● **职业生涯规划**

我们首先要明确的是，员工的职业生涯规划一定程度上是受其年龄影响的。年轻员工并不急于制定一套明确的职业生涯规划，他们更乐于接受更多的培训、经历更多的岗位，在充分接触后，做出合适的选择。中年员工则渴求着在自己的职业生涯路线上进一步发展，其在规划职业生涯时，会更关注晋升和薪资增长。对于“老资格”的员工而言，他们的职业生涯目标大多已经实现，我们更多地应该为其安排一些新鲜的任务，以增强其工作活力。

- **评估生涯规划**

职业生涯规划并不是一成不变的，我们要对员工在实施过程中的表现进行评估，并帮助员工实时调整生涯规划，以避免职业生涯规划成为员工自我实现的桎梏。

让员工积极参与，调动积极性

无论员工选择了哪条职业生涯路线，员工都有参与到管理中的欲望。公司的每项决策其实都与员工的切身利益相关，员工无疑对决策制定有着极高的关注度，而若能直接参与到决策制定中去，员工必然会对公司决策更加赞同和服从。

事实上，员工在公司管理中的参与度越高，其工作积极性也就越高。

当福特已经成为世界一流汽车制造厂商时，亨利·福特二世开始将更多的关注度放在员工的身上。他曾经在股东会议上建议：“在过去，我们取得成功更多源于对汽车工艺的重视，而当世界进入高速发展阶段时，我们就要更重视人性要素的影响。我们与员工的关系，更应该像与客户间的关系一样，以高效、共赢的合同决定我们之间的合作关系。”

为了实现自己的这一目的，也为了改善老亨利与员工间的恶劣关系，亨利二世启用了贝克作为总经理。贝克担任总经理的第一步，就是与每个员工进行友好的交谈，在明确告诉员工自己不会辞退员工的同时，提醒员工不要再消极怠工了。在交谈中，贝克还鼓励员工说出自己对公司的看法，有什么意见或者建议都可以说出来。

贝克似乎始终是站在员工一边，为解决员工遇到的问题，不惜牺牲公司的部分利益。之后，贝克甚至与亨利二世商量，要制定一项“员工参与计划”。在这项计划中，以车间为单位，员工可以自由组成“问题解决小组”，当车间出现问题时，小组成员可以召开小组会议商讨解决方案，商讨结果可以直接上报作为公司决策的参考信息。

这项计划在实施之后，员工不再只能根据研发部门的图纸生产汽车，而是能够对方案提出自己的意见。在计划实施的一年间，公司共收到员工建议超过1000项，其中，合理化的建议共749项，被采纳的多达542项。其中不乏对生产效率有着极大提升作用的建议，亨利二世对员工参与度的重视终于得到了回报。

而为了扩大“员工参与计划”的影响，亨利二世组织了代表团到各个分公司去宣传，让福特旗下的所有公司都能够了解到员工参与度对其工作积极性的重要影响。

公司决策是全公司的事，那么，领导者就应该鼓励员工都参与进来。

● **增强员工责任感**

如果每项公司决策的制定都有着相当的员工参与度，员工就会认为这是他们自己做出的决策。而每个人都会对自己所做的决定产生极强的责任感，福特的每个汽车研发方案都需要经过员工的“审评”，而一旦其意见被采纳，员工自然会想要以实际效果证明意见的有效性。

● **减轻管理者负担**

公司决策都需要先进行一次全面的调研，而人员稀缺的管理部门通常会在进行这项工作时，感到工作负担很重，那么，我们就可以直接让员工参与到决策中来。福特的公司决策无须在事前做内部调查，正是因为每个员工都可以在决策过程中直接表达自己的意见，管理者就不必策划各种调查活动收集信息。

参与式管理最先在日本公司中得到应用，经过多年的发展，各国公司都开始引进这种管理模式。参与式管理的核心内容正是在于让员工参与到公司决策中来。这一管理模式不仅能集中全体员工的智慧，还能通过激发员工的工作积极性，提高公司的决策效率和正确性。根据日本公司多年的实践发现，较高的员工参与度，可以大大提升公司的经济效益，公司业绩在这种管理模式下，通常可以得到50% ~ 100% 的增长率。

我们通常可以采取以下几种方法让员工参与到公司决策中来：

● **员工代表参与**

通常，公司领导者并不会让所有员工都有机会参与到公司决策中来，而是采用在员工中选取少部分代表的形式。员工代表参与的模式，其实对员工的激励效果十分有限，毕竟员工的代表性很难确定。员工代表参与的实际意义更多在于，让员工参与到权力分配中来，以实现股东、管理者与员工之间的平等地位。

● **质量圈**

质量圈的理论基础是全面质量管理，全面质量管理则要求每个员工都关注公司管理的质量。通常来说，质量圈由10个左右的员工组成，他们通过定期会议的形式就公司管理的质量问题开展讨论，这个期限通常较短，大多为一星期一次。

一般来说，质量圈对公司决策只有建议权，而没有决定权。领导者可以在公司内部设置多个质量圈，通常以车间、部门或团队为单位。

- **员工持股计划**

员工持股计划最初被作为薪酬激励的一部分，而员工持股实际上是让员工成为公司所有者的一部分。股东大会可以让员工切实地参与到公司决策中，是提高员工参与度的有效措施。

开展目标改善建议的会议或活动

公司愿景目标的设立并不可能是完美的，我们需要在经营活动中不断对目标进行改善，改善的过程需要全体员工的参与，通常可以采取会议或活动的形式。

领导者，应该多开展目标改善建议的会议或活动，这就要求我们建立一套合理化建议制度。

丰田公司将合理化建议制度称作“创造性思考制度”。丰田公司内部一直以“好主意，好产品”作为其文化理念。他们相信，只有发挥全体员工的智慧，才能制造出更加物美价廉的产品，从而赢得消费者的喜爱。

丰田公司会定期开展员工会议，并不间断地举办各种现场建议活动。以为员工提供尽量多的建议途径，达到改善公司目标的目的。

员工所提的建议也会尽快被提交到管理层以及相关部门，经过审核调查之后，对于有效的建议，丰田会给予相应的奖励。

合理化建议制度的实施，可以有效地实现公司目标的改善。

● **广泛性**

作为一个制度，其必然是适用于全体员工的，每个员工或团队都可以通过这一制度向管理层提交自己的建议。在丰田，每个员工都可以提出建议，这些建议也都会得到管理层充分的重视。

● **规律性**

开展目标改善活动必须有其规律性，也就是说，公司应该定期开展相关活动，将合理化建议作为一种长期实行的制度。丰田的“创造性思考制度”作为一种制度，从丰田成立之初就一直实行至今。

● **激励性**

合理化建议制度作为一种激励手段，我们就必须要体现出它的激励性。丰田公司会鼓励员工积极提出合理化建议，而对建议被采纳的员工会给予奖励。

合理化建议制度的实施，正在于最大限度地鼓励员工参与到公司管理中来，在这种直接的参与制度中，员工与管理层的联系更加紧密，领导者则可以最大限度地对公司目标进行改善。

● **认真倾听**

员工工作在公司的第一线，对公司发展战略的认识更加直观。领导者通常只能从业绩报表上对战略实施情况有一个宏观上的认识，而对于微观上有哪些问题需要纠正则缺乏了解。因此，领导者必须认真倾听员工的建议，以对公司战略目标进行改善。

● **广泛参与**

合理化建议制度的成功之处在于，可以保证全体员工都有机会参与进来，每个员工都可以找到渠道提交自己的建议。“偏听则暗，兼听则明”，领导者若能听到所有员工的想法，就能了解到自己该从哪些方面改善目标。

目标激励应避免“虚而不实”

很多领导者采取的目标激励方式更多地像是一种“作秀”，虽然为员工提供了表达建议的渠道，却很少去真正关注这些建议；虽然定期举办员工会议，表面上鼓励员工参与目标的制定，实际上却只是单方面地公布决策而不去咨询员工意见；虽然有一些现场建议活动，也只是用作公司对外宣传……

领导者必须认识到，目标激励不是作秀，应避免“虚而不实”，而是要让员工真正地参与进来。

韩国精密机械株式会社采取一种独特的目标激励模式，员工可以轮流担任工厂的厂长一天，在这一天的时间里，员工可以行使所有的厂长权力，不论是生产管理还是员工管理，员工在这一天都可以全权负责，员工还可以将自己的意见或建议写在工作日记上，主管每天都会查看工作日记来了解情况。这种“一日厂长制”真正地让员工参与了进来，实行的一年间，基本所有员工都做过厂长，而当年的实施成效是——成本降低300万美元！

目标激励并不在于那些“虚而不实”的表面，而是制度的实际实施效果。

● **浮于表面的目标激励不可能产生激励效果**

“空有制度，而无执行”对员工工作积极性有着极大的负面影响。如果株式会社只是让员工挂一天的厂长牌子，却不给他相应的权力，甚至设置了一个固定的“副厂长”“协助”员工管理。那么，这个制度就是完全没有意义的，反而会造成对生产效率的浪费。

● **明确让员工参与的目的**

让员工参与的目的在于，吸取员工的智慧以完善决策方案。株式会社的主管们最关注的是“一日厂长”所写的工作日记。日记中所提的合理建议正是主管以后的改革方向，而社长也会参照日记对主管工作进行评定，若某一问题长期存在而得不到有效解决，主管的工作能力和工作态度就会遭到质疑。

有了全体员工的有效参与，领导者可以真实地了解到自己该做什么、不该做什么。而作秀式的目标激励，则会让领导者继续做不该做的。

然而，有时候，领导者十分关注基层员工的意见，却由于中间管理者的忽视，而得不到有效的“上传下达”。因此，要真正地做到激励，让员工参与进来，领导者就要避免“虚而不实”的面子工程，需放下身段与员工真诚沟通。

● **直接沟通**

为了规避中间管理者的“不作为”，我们可以与基层员工直接沟通。直接沟通的方式有很多，我们可以随机与员工开展私下谈话、设置管理者信箱、开展员工大会……在与员工的沟通中，领导者应该更加积极主动，要缩短与员工之间存在的距离感，领导者应“放下架子、放低姿态”。

- **持续沟通**

沟通并不只是存在于目标制定前或决策发布后，沟通应存在于公司目标制定与决策的每个环节。有的领导者可能会说“我哪有那么多时间去与员工聊天”，其实，沟通对于目标改善尤为重要。只有通过持续的沟通，领导者才能不断改善愿景目标，并取得员工的认同。

阶段性目标让员工有盼头

公司愿景通常是一个较为长期的目标，员工有时会感觉目标“遥不可及”无从下手。我们不妨在公司愿景之下，再设置几个阶段性的目标，让员工的工作更有盼头。

陈总经营的是一家连锁超市，他给下属制定的销售目标是：5 年内业绩翻 4 番。

这其实是一个相当笼统的公司目标，分店经理在得知之后，都不知道到底该怎么办。他手下的李经理就感到很困惑，在李经理的门店中，去年的销售额是 10 万元，那么，5 年之后要达到 160 万元？一家小小的超市，要怎样才能达到这样的销售额？那么，就只有公司扩大规模了，可是，这开分店的事似乎也轮不到自己一个门店经理操心。于是，李经理还是照常经营着。

陈总在发布了公司目标后，本以为员工都会埋头苦干，想方设法完成业绩。结果，却看到下面的员工都还是一如往常。陈总也觉得困惑，就来咨询。

咨询中他了解到，要实现长期目标，就要先设定几个阶段性的目标，这样员工才能有个盼头。

陈总回去之后，先是对每个门店的业绩进行分析，然后，结合每个经理的权力范围，为其制定了几个阶段性的目标。

比如李经理得到的阶段性目标就是，第一年销售额达到20万元，达到目标则可以在所属区域内自行选择地址开设分店；第二年两个门店的总销售额要达到50万元；第三年达到80万元，则可以再开设分店；第四年达到120万元，第五年达到160万元。

这样明确的阶段性目标终于让李经理知道该怎么做了，而他也正在为完成这“几乎不可能”的目标而努力着。事实上，一年后，李经理的门店销售额达到了32万元。

我们必须在目标激励中善用阶段性目标。

● **体现目标阶段性**

长期目标通常会让员工觉得过于遥远，而不知眼下该怎么努力。陈总一开始的5年计划，就把李经理吓傻了眼，直到详细的阶段性目标下达之后，李经理终于知道年内要达成什么样的业绩，才能完成这个5年计划。

● **增强目标可行性**

我们在进行目标激励时，通常会将目标定得较高，如果没有阶段性目标，员工就会认为该目标无法达成，从而积极性受到打击。李经理在得知阶段性目标之后，只需关注一年后的业绩，而一年内业绩翻一番的目标就显得简单得多。

阶段性目标的设置可以让员工感受总体目标的可行性和合理性，我们必须注意将其与总体目标相结合，从而让员工的工作积极性得到充分激励。

- **目标要具体**

领导者应明确在每个阶段，员工应达成怎样的目标。这个目标不能像总体目标一样过于笼统。具体的阶段性目标可以让员工制定出相应的工作计划，而不会感到摸不着头脑。

- **阶段要明确**

通常来说，我们对阶段的设置是按照历法时间来的。阶段可以设置成年度、季度或是月度。我们应避免将阶段时间设置得过短，较长的阶段使员工有更大的空间发挥其主观能动性。

- **及时的奖惩**

阶段性目标一旦设立，我们就要在每个阶段结束后，对员工业绩进行考核，并据此进行奖惩。对于圆满或超额完成目标的员工，我们应给予奖励；而对于没有完成目标的员工，我们要帮助其完善工作计划；对于业绩与目标相差太多的员工，我们则要适当给予惩罚。

达成目标过程中的民主决策制

很多领导者会抱怨："我熬了几个晚上，才完善了这个方案，可是发布下去，根本就没有员工执行。"这时候，我们并不能责怪下属执行力的缺失，而应该自省是否采取了民主决策的方法。

通用电气无疑是世界上最成功的企业之一，民主决策制在通用电气得到了充分的应用。

韦尔奇会定期召开一次公司决策研讨会，研讨会的成员并不是固定的，而是公司管理人员从基层员工中选定的 40 ~ 100 名员工，并将其进行简单的分组。在为期 3 天的研讨会中，韦尔奇首先会公布会议的主要议题。之后，就是员工们的自由发挥时间了。在研讨会的第 3 天，每个研讨小组都需要公开阐述本小组的研讨成果。

韦尔奇则当场对其方案进行评定，同意或是否定，对于有创意而不完善的方案，韦尔奇则会建议其进一步完善后再提交上来。

正是因为这样的民主决策制度，通用电气的每个员工都会在日常工作中，积极寻找需要改善的地方。通用电气公司的一位主管就曾对此评价道："我实在想不出，还有什么能比民主决策更能提高员工积极性的了。"

民主决策制的实施，是对目标成功达成的有力保证。

● **提高员工参与热情**

民主决策制可以充分调动员工的参与热情，不同于沟通交流中的意见表达，民主决策是让员工直接参与到决策过程中。通用电气的员工都愿意参与到公司决策中，因为自己并不仅仅是一个"信息上交者"，更是实实在在的"决策者"。

● **提高员工工作热情**

民主决策制会让员工认识到，自己的工作内容是自己参与决策制定的。通用电气的员工从来不会简单地"听令行事"，他们认为自己的工作内容是自己决定的，既然是自己决定这样做，那就没有理由不做好。

通过民主决策制，公司的凝聚力可以得到空前的增强，每个员工都会积极地进行自我挖掘，他们的唯一目的就在于，"让自己的决定不会失误"。

● **决策前讨论**

任何一个决策在制定之前，我们都要将相关部门和员工集中起来，进行一次彻底的“头脑风暴”。决策前讨论的意义在于，由于员工之间的理念差异，决策很可能会触发一些原则性的问题，这些问题通常会产生较大的争议，我们应在决策前通过讨论解决，以避免其对决策的影响。

● **决策中讨论**

每个决策都会涉及多个相关单元，初步的方案不可能考虑到所有的细节性问题。鼓励员工参与到决策中来，可以在决策制定阶段，将这些问题“扼杀在摇篮里”。通过对决策执行细节的讨论，将各单元的意见统一起来，从而为决策的实施铺平道路。

● **决策后讨论**

决策制定之后，我们就需要考虑决策的执行问题。为了规避执行力不足的问题，在决策制定之后，要对各部门、各员工的职责进行明确的分工，从而使决策可以得到高效的执行。

第七章 榜样激励：领导带头，下属才能全力追随

管理者也是员工的追随对象

榜样的力量是无穷的，在公司发展中，很多员工都会将管理者作为自己的学习对象。事实上，榜样的树立对于员工确定方向有着积极的作用。而管理者在很多时候也是员工的追随对象，因为管理者通常业绩较突出、人际关系也较好。

比尔·盖茨是一个开拓精神很强的领导者，他乐于也善于冒险创新，因此，我们可以看到，微软在IT行业中更具竞争性。

而IBM则不同，托马斯·沃森相比于比尔·盖茨显得更加保守，规则在IBM起着很大的作用，IBM的所有员工也就显得更加稳重。

由此可见，领导者作为员工的学习对象，其行为方式对员工的工作表现有着极强的影响力。

马云经常对身边人说的一句话就是，“上梁不正下梁歪”。马云认为，管理者并不需要刻意地将自己塑造为公司内的榜样，但管理者想要激励别人，就要先激励自己。马云每天的工作时间多达12～16个小时，可以说，除了必要的睡眠时间，马云都在忙着公司的事。员工自然看在眼里、记在心里，阿里巴巴也就是这样带着淘宝、支付宝占据了中国的网购市场。

管理者始终是员工的学习对象，管理者的成功就是员工追随的动力。

- **激发员工自主学习**

每个管理者都是由基层员工做起的，管理者之所以能处于比基层员工更高的位置，正在于其工作积极性更高、工作表现更好。马云下属的每个员工都愿意努力工作，正是因为看到了马云辛苦奋斗的成果。

● **成为员工模仿对象**

每个员工都会自发地模仿管理者的行为方式，管理者作为员工的模仿对象,就应严于自律,真正地从自己做起,让自己足以成为员工的榜样。比尔·盖茨、托马斯·沃森几乎是IT行业所有员工的榜样。

"表不正，不可求直影"，管理者想要在公司营造出更加积极向上的工作氛围，就要自己做出表率，让员工得以追随。

● **提高人格魅力**

管理者要成为员工的追随对象，首先需要具备一定的人格魅力。人格魅力正在于管理者的人品如何。我们在管理员工时,应尽量做到公正、正直,以公司利益为先。勤俭节约、注重沟通，能够满足员工情感需求的管理者，才能真正成为一个具备影响力的管理者。

● **成为员工学习的对象**

我们说，当今社会是一个学习型社会，只有一个具备学习力的公司才能形成其核心竞争力。有一点我们可以达成共识的是，学习的效率就等于工作的效率，也就等于成功的效率。随着科技的飞速发展、全球市场的不断共融，中国市场的变化性越发增强，不通过学习跟上时代潮流，公司就必然会被大势所淘汰。

管理者处于比员工更高层级的地位，其学习力首先就要强于基层员工，学习力主要体现在学习内容和速度上，管理者需要能够更快、更全面地学习新的文化、制度、科技，从而提升自己的领导力。

● **成为执行的榜样**

管理者与员工存在着天然的利益冲突，管理者想要在有限的成本下发挥员工最大的工作能力，而员工则希望通过有限的工作取得更多的精神、物质回报。因此，我们常常会在公司管理中，遇到执行力不足的问题。执行力是公司决策、战略方案、战术策略能否达成预期效果的关键。

在要求基层员工执行力提升之前，管理者自身的执行力首先要达标，当领导者发布决策方案时，管理者要主动、高效、全面地执行，并对员工所要承担的责任义务进行明确合理的分配，管理者自身的高执行力会促使员工将方案落实到行动中。

用热情之火点燃员工激情

领导者想要带领员工走向成功，就需要有一定的人格魅力、学习力、执行力等，但其最重要的人格要素还是在于热情，领导者的热情是对公司高效运行的最大保证，在众多领导者包括管理者中，我们很难见到对工作冷漠的人。

雅诗·兰黛化妆品公司的创始人对工作的热情令人惊叹，一直到她 80 岁的时候，她还将每天 10 几个小时的时间奉献给自己的工作。雅诗·兰黛也被称为“化妆品工业皇后”，在她的工作热情的带领下，雅诗·兰黛成为当今化妆品行业的龙头品牌。

微软在招聘新员工时，将自己的目标员工定义为“微软人”。“微软人”的首要素质就是热情，微软的员工必然是富有激情的，或者激情于公司的发展，或者激情于技术的创新，或者激情于工作的圆满。但毫无疑问的是，正是这群富有激情的员工让微软成为世界 IT 业的霸主。

佛瑞德瑞克·魏廉生，他是纽约中央铁路公司的前任总经理，在他回顾自己的一生时，他说道："一个人、一家公司能否成功的关键正在于其是否富有热情，热情是比工作能力、学习能力甚至是智力更重要的成功要素。"

● **热情胜过才能**

一个员工不论有多强的能力、多丰富的经验，如果他缺乏热情的话，那么这些能力、经验也只是镜花水月，看起来优秀，却不能为公司带来切实的效益。微软同样看重员工的技术、能力是否符合发展需求，但对他们而言，微软这个团队最大的优势正在于其如火的激情。

● **管理者的热情**

管理者作为员工的模仿对象，其工作态度决定了员工的工作态度。我们不能期望，自己舒服地放大假的时候，员工还能保持应有的工作热情。雅诗·兰黛从不会去要求员工热情地工作，她自身的工作热情已经感染了所有的员工。

员工工作缺乏激情，就不会发挥出最大的工作潜能，也不会做出什么出色的业绩。没有激情的员工的唯一工作动机就在于——薪酬。为了拿到固定的薪资，他们会完成自己的业务指标，却不会对遇到的问题做出自己的思考，他们会如实地上报，却不会想办法去解决。

员工对工作的激情又直接来源于管理者的热情。

● **将最大的热情投入工作**

与员工不同，管理者与公司之间有充分的利益共享机制，管理者可以从公司发展中获得最大的分红。公司的成功也大多会被认为是管理者的功劳，公司的价值实现几乎就等于管理者的自我实现。面对这样物质、精神上的回报，管理者有什么理由不激励自己将最大的热情投入到工作中呢？

- **增强工作内容的趣味性**

对于大多数员工而言，即使一开始会对新工作感到新鲜，充满工作热情。但时间一久，员工就会认为工作是枯燥乏味的，每天上班下班几乎只是为了"养家糊口"，有的则会换份新工作。管理者应该帮助员工点燃激情。首先，管理者应"寓教于乐"，避免让员工把工作看成是一种负担。可以在工作中增加一些有意思的游戏，让员工感到工作是件有意思的事。其次，管理者自身要表现出对工作的热情，起到带头作用。试想，如果一个部门的领导每天开会时无精打采，表现出对工作漠不关心甚至厌倦至极，那么部门的其他员工就更难打起精神、对工作感兴趣了。

言传身教，身体力行

从某种角度来说，管理者的行为方式对员工的工作表现有着决定性的作用，而这就意味着，管理者必须能够做到身体力行，以言传身教的形式带领公司走向成功。

在联想的发展过程中，柳传志从来不会搞什么特殊化。在联想有这样一个规定，只要在会议上迟到的员工，不管是谁，都要罚站一分钟。

而第一个被罚站的员工就是柳传志的老上司，做出这次处罚，柳传志很是不安，这位老上司也很是尴尬。最后，柳传志对这位老上司说道：“您先在这儿站1分钟，过段时间，我到您家给您站10分钟”。就这样，这个规定就在联想被彻底地执行了下去，即使是柳传志自己，也被罚站过3次。

柳传志曾经就管理者与员工的关系做过一段比喻，“管理者和员工就像是‘1’和‘0’，管理者就是那个‘1’，即使员工工作能力再强，如果没有‘1’的身体力行的话，员工也无法将工作能力融入实际工作中去。”

柳传志对于公司管理者还有一个近乎严苛的规定：“凡是管理者的子女，都不能进入联想公司工作。”柳传志担心，管理者子女进入公司之后，再互相“联姻”，最后组成一个庞大的利益集团，而使联想缺乏创新的活力。柳传志是这么规定的，也是这么做的。柳传志的儿子毕业于北京邮电学院计算机专业，可谓是专业对口、技术世家，可是柳传志却不准他进入联想工作。

管理者不能以身作则、身体力行，员工的工作效率就会降至最低。

- **提升执行力**

只有管理者对于公司规章制度身体力行，才能引起员工的重视，否则，规章制度只能成为一纸空文。如果制定者都不能很好地执行，员工自然不会落实下去。柳传志从来不会将自己特殊化，所有的制度制定出来，柳传志都会以身作则，员工自然也都会遵守。

- **增强凝聚力**

管理者如果能够言传身教，员工就会相信管理者，从而忠诚于公司。一般来说，管理者偶尔犯些小错，是可以得到员工的谅解的，因为管理者的工作内容通常更加复杂，工作压力也较大。柳传志每天都要投入相当的精力在公司发展上，但也不会违反公司的大小规定，这就促进了联想凝聚力的极大提升。

管理者首先要做到自我管理，才能管好员工。作为一个管理者，身体力行可以说是最低的要求了。管理者作为员工的学习榜样，如果不想员工做某些事，自己必然不能去做；如果想让员工提高积极性，自己的工作热情就要提到最高。

● **自我剖析**

管理者若想能够做到妥善的自我管理，首先要做的就是自我剖析。自己能不能妥善地执行公司政策，能否做到身体力行，如果有缺陷，则应尽快解决。有些管理者常常会做出各种计划、方案，可是自己却不去执行，最后导致计划、方案成为一纸空文。

● **确立目标**

要想员工切实地将公司各项决策重视起来，管理者首先要帮助员工确立明确的目标，并告诉员工，要实现目标所面临的市场压力、政策环境，要解决这些问题又该如何去做。只有先给员工明确的工作目标，为其划定明确的工作路线，员工在工作中才能做到有的放矢。

管理者在激励员工时，首先要做到言传，将一切该做、不该做、怎样做更好、怎样可以获得奖励等信息，都告诉员工。

● **身体力行**

我们都知道，言传不如身教，但在公司管理中，这两者是缺一不可的。管理者有义务告诉员工行动方案，更有责任自己先身体力行。

一方面，管理者能够身体力行，是对员工的极强鼓舞，员工的工作积极性可以得到极大提升。另一方面，为防止员工的工作疏忽，管理者的身体力行也可以为管理者收集更多信息，以完善公司发展计划。

凡事以身作则才有信服力

正如之前所说，只有管理者言传身教、身体力行，员工才会贯彻执行公司的策略计划。也就是说，管理者凡事必须以身作则，才能在员工中塑造信服力。员工的工作热情也会得到极大的提升。

伯明翰是英国一个重要的工业生产基地，乔治·哈罗德是这里一家轮胎生产商的总经理，他在当地可谓人人皆知，被称为“魔王”。

哈罗德的公司员工工作效率令人惊叹，与大家想象的不同，在这家公司里，规章制度的制定真是少得可怜。但是，仅有的几个条例都得到了最彻底的执行，哈罗德对规定的执行十分严格，在其创业之初，就辞退了一百多个违反规定的员工，即使有的员工只是犯了一些小错而已。即便是这样的严苛，员工也不会对此抱有怨言，因为哈罗德自己会坚决遵守公司规定，若是犯了错，哈罗德得到的惩罚也更为严重。

曾经有一家汽车杂志对哈罗德进行了连载式的报道，其中多处对哈罗德的管理方式进行了批评，认为其管理过于严苛。但是，哈罗德并不在乎，依然“我行我素”。最后，业内对此不再进行批评，其突出的销售额让所有人都无从置喙。

而哈罗德的“魔王”形象，不仅没有让应聘者对其避之不及，相反，其以身作则的作风为其赢来了广泛的认同度。有一次哈罗德要招聘 50 个销售人员，结果竟然吸引了超过 3000 个应聘者。哈罗德每年的销售额都超过

3000万英镑，而业内平均水平却只有500万英镑，这不得不说是傲人的成绩了。

管理者必须成为员工的榜样，不是让员工“照自己说的去做”，而是让员工“照自己做的去做”。

● **赢得员工信任**

不能以身作则的管理者就不能取得员工的信任，员工不会相信言行不一的管理者。哈罗德对员工的要求极为严苛，被他辞退的员工不下千人，但是，员工不会有任何不满，因为，哈罗德对自己所说的都会第一个做出执行。

● **增强员工热情**

当管理者能够贯彻执行自己所说的一切时，员工的工作热情就会得到极大提升。因为，管理者的奖励承诺也会得到兑现。哈罗德的员工都十分信任哈罗德，所以，愿意为了哈罗德的承诺而投入到工作中去。

作为企业的管理者，却不能以身作则的话，就不能让员工信服，自然无法得到员工的信赖和认可。那么，员工就不会愿意积极地去工作，甚至不愿意留在公司而选择跳槽。管理者必须明确的一点管理原则是，想要员工怎么做，自己就应当带头做到。

● **带头自我管理**

如果能实现全公司的自我管理，公司的管理效率将会达到一个巅峰。管理者不仅要管理基层员工，也要管理好自己。带头自我管理，就是要求管理者以身作则，以自身的行为告诉员工怎样是正确的、怎样是错误的、怎样可以得到奖励、怎样又会遭到惩罚。管理者的角色要求很大一部分就在于成为员工的榜样，通过自我管理的示范，引领公司全体员工进入高效自我管理的时代。

● **做到令行禁止**

令行禁止是所有管理者的追求，而要做到令行禁止，以身作则是起点。管子曾说过:“禁胜于身则令行于民”，所谓“禁胜于身”就是所颁布的法令，首先要在自己身上执行。管理者作为规则的制定者，就要执行规则，并对规则的执行做出考核，根据考核做出相应的惩罚和奖励，而这一切都要从自身开始。

榜样力量要用魄力和诚信说话

作为公司的榜样，要发挥出应有的作用，就需要以魄力和诚信说话。管理者的言行一致、诚恳负责，可以有效地将公司全体员工团结在一起。

当然，要做到完全的诚信很难，所谓诚信并不只是说管理者能够按照规章制度办事，而是要求管理者的行为要符合公司的价值观。

克莱恩公司在2012年的时候，资助了一个关于领导力的课程研究。研究发现，一个正确的价值观可以为企业发展带来极强的动力，而这一价值观必须成为诚信和魄力成长的“土壤”。而管理者的魄力与诚信通常在其做出抉择时能够得到体现。

研究认为，管理者可以通过如下的方法进行自我评估:

1. 对自己的管理行为进行评估，找出自己满意或不满意的行为及其结果。

2. 分析该行为及其结果带来的影响，包括对管理者自己及员工。

3. 回忆行为之后，管理者对结果的感受。

4. 对于接下来的行为，管理者对其效果的预期是怎样？要达成预期效果需要注意哪些问题？

5. 管理行为的发生是基于企业价值观还是外部压力？

管理者必须注意在榜样的塑造中，通过全面的分析来增强魄力和诚信。

● **了解自己**

通过全面的分析，管理者首先对自己能够产生一个清晰的认识。无法清晰地认识自己，管理者就不可能实现榜样效果的最大化。克莱恩公司的研究结果证实了管理者自我评估的重要性，管理者的每次行为之前都要经历这样一个过程。

● **了解员工**

管理者在塑造榜样时，不仅要考虑公司的需求，更要考虑员工的需求。一个兢兢业业、不为私利、一心为公司发展的榜样，并不能得到员工的认同。克莱恩公司的研究告诉我们，榜样的塑造必须符合公司的价值观，而公司的价值观形成必须得到员工的认同。

管理者必须在深入了解自己和员工之后，在公司内部形成一个广泛认同的价值观，而榜样的塑造必须立足于这个价值观之上。

而在这一过程中，“榜样”必须具有魄力和诚信的力量。榜样力量的魄力在于不让步于外部压力，以企业价值观为先；榜样力量的诚信则要求榜样行为必须实事求是，言出必行。

● **行为有魄力**

员工对于榜样的认识在于其具体的行为，而不是其形象特征。一个有效的榜样，在面对抉择时，必须坚持企业价值观；在面对难题时，必须带头付出最大的努力；在取得成果时，必须重视员工所做的贡献。榜样必须在困难时敢在人前，在成功时敢为人后，这样的魄力能为其赢得更大的认同度。

● **缺陷要承认**

我们知道，“金无足赤，人无完人”。员工不会要求榜样是完美的，完美的榜样也会因为其不真实性而丧失作用。我们要承认榜样的缺陷，而不是掩盖。榜样可以是勤俭节约的，可以是积极进取的，也可以是沉稳持重的；同样的，榜样也可能缺乏开拓精神、缺少全局观。我们要实事求是地去为员工塑造各个方面的榜样。

● **坚持价值观**

无论榜样有怎样的缺陷或优点，我们都要注意其行为是否符合公司的价值观。当公司发展顺利时，我们会坚持价值观的标准去行动；当公司面临困境时，很多人就会放弃公司价值观而以利益观做出抉择。公司的价值观塑造在于公司的长期利益，而榜样的塑造则要符合这一目标，而不能成为一种短视行为。

树立可模仿的追随准则

价值观毕竟是看不见、摸不着的，管理者在树立了公司价值观之后，就要为员工树立具体的、可模仿的追随准则。

这一准则的树立可以通过行为准则的制定，也可以通过榜样的具体行为而来。

安邦财产保险公司通过制定《保险监管人员行为准则》、《保险从业人员行为准则》，为员工树立可模仿的追随准则。

两个准则的落实是一个由上而下的过程，安邦财保的管理者首先以身作则，将两个准则贯彻执行，从而引领员工提高工作积极性。而两个准则的明文规定，也让员工能够清晰地了解自己究竟应该怎么做，基层管理者也能依据准则有效地安排工作。

安邦财保就是在这样的准则树立下，形成了“拼技能、重服务、轻比较”的和谐工作环境，其服务质量也得到了大踏步的提升。

松下幸之助则更多依靠个人行为引领员工。有一次，松下幸之助来到车间巡查，看到的是员工们正有条不紊地生产工作着，而员工们则暗暗地注意着这位“明星管理者”会有什么不一样的地方。最后，松下幸之助在地上捡起了一片纸屑，将它扔到垃圾篓里，就拍拍手走了。

就是这样一件小事，让松下的员工们在日后的工作中更加仔细，一丝不苟的生产操作也成为其产品的质量保证。

行为准则的树立，是让员工有效追随的保证。

- **明文规定**

行为准则的制定，可以让员工对其有个清晰的了解，但却不能起到很好的榜样作用。榜样的力量终究要体现在行为个体上，安邦财保的“两个准则”最终还是落实在管理者的身体力行上，没有管理者的身体力行，行为准则也只是《小学生行为守则》的“升级版”。

- **行为模式**

管理者以自身行为确立行为准则，可以最大限度地发挥榜样的力量。如果管理者能真正地去做，则员工更有动力去追随。松下幸之助自然不会制定准则要求车间不能有纸屑的存在，但他捡纸屑的行为却让员工认识到了工作必须一丝不苟。

我们要为员工树立可追随的行为准则，到底还是要依靠榜样的具体行为。榜样的日常行为可以为员工树立一个可信的行为准则，再配合以书面行为准则的制定，员工则能更好地理解。

- **责任**

榜样有责任以自己的脚踏实地去践行公司的行为准则，无论这一准则是有形的还是无形的。同样的，榜样有责任向管理者汇报行为过程中遇到的问题，无论是内部的阻碍还是外部的压力，管理者也有责任为榜样行为“扫清道路”。

- **控制**

首先，管理者需要将榜样行为准则在公司内部进行广泛的宣传，让员工了解具体的信息；其次，管理者需要确保榜样行为的从一而终，我们不鼓励将短期行为作为员工的行为准则；最后，管理者要对员工的追随行为做出鼓励和奖励。

- **承诺**

榜样行为可以促进员工的自发性追随，同时，我们不妨以一种“强制性”的手段促进员工追随。我们可以制定具体而基本的行为准则，并要求员工承诺遵守，我们可以根据员工的执行表现给其奖励，并将长期守诺的员工塑造为公司榜样。

关注后进力量

正如之前所说，我们不可能塑造出一个完美的榜样，那我们就要为公司的各个群体都设置合适的榜样，尤其值得我们关注的是公司的后进力量，他们的不断进步正是我们需要推广的。

赵总经营的快餐企业在业界内名列前茅，他的连锁店几乎开遍了全国各地。而在重庆的分店里，有一个推销员十分懒散，他每周只来公司两三天，而每次来也基本只是签个到，就无所事事地溜达上两个小时。这位推销员的工作真是比赵总还轻松。赵总得知后自然不会不管不问，在和他进行了几次谈话之后，这位推销员依然如此，赵总就狠心解雇了他。

可没过多久，赵总就后悔了。原来，这位推销员到另一家公司之后，管理者并没有因为他之前的不良表现而冷落了他，相反，这家公司的领导者相当重视对后进力量的鼓励，这位推销员就这么一步步地成为一名优秀的员工。赵总后悔自己没有给予他合适的激励，让他可以发挥出最大的工作潜力。

我们在进行榜样激励时，不仅要关注优秀员工，更要关注后进力量。

- **对优秀员工的激励效果有限**

由于每个员工的工作能力都是有限的，优秀员工的上升空间有限。而且，优秀员工本身会得到公司更多的“政策倾斜”，他们从公司得到的已经足够了，驱使他们更进一步的更多在于其自我激励，优秀员工会为了维持自己的“优势地位”而不断努力。将更多的关注放在优秀员工身上，反而是一种浪费。

● **对后进力量的关注效果更优**

随着管理者对后进力量的关注度提升，后进力量可以更积极地投入到工作中去，这本身就能起到对公司效益的提升作用。同时，后进力量的发展，会对优秀员工形成压力，防止优秀员工松懈。业绩不佳的员工也能从中得到激励、看到希望，从而努力完善自己。这就是那位推销员在另一家公司表现优异的原因。

管理者通常对公司的后进力量感到无奈，后进力量通常工作积极性不高、工作热情弱。但管理者不能因此就放弃对他们的关注，相反，管理者需要以更大的热情和耐心去帮助他们走向成功。即使他们不能成为公司发展的中坚力量，我们也应防止他们成为公司发展的“短板”。

● **调整职务**

后进员工通常会对自己的工作感到倦怠，在工作的最初阶段，他们通常会投入相当多的工作热情，但却无法得到明显的效果。这就使得他们对自己的工作能力缺乏自信，从而“自暴自弃”。我们不妨对他们的职务做出适当的调整，新的职务可以让他们重新产生工作热情，如果能够先对员工的工作能力进行分析，相应的职务调整就能帮助他们从后进变为先进。

● **适当施压**

当后进员工倦怠之后，有的管理者也会因努力无效而对他们放弃，这就进一步促使了他们的自我懈怠。这时候，我们应对他们进行适当的施压，通过营造一种紧张的气氛，改变员工的工作环境，从而激发他们的活力。

● **积极鼓励**

在工作中，员工难免会遇到挫折，这时候，我们更应该去鼓励，而不是去冷落他们。我们要耐心地帮助员工改正缺点，帮助他们在工作中表现得更加优异。后进员工也会因此而更加支持管理者的工作。

让榜样员工做报告，使榜样力量无限传递

我们知道，榜样并不是处处优秀的人，我们应该从平凡中找出优秀。只要员工在某方面表现突出，我们就可以将其作为榜样，在公司内部进行宣传，让其他员工可以由小见大，也可以让榜样的力量无限传递。

老张是一家企业的管理者，经营企业20年了，刚起步那会儿，他的企业还只有10几个人，可是今天已经有将近1万名员工了。

他们公司的生产部主管是随着公司一起成长的“元老”。可是，当公司发展到这个规模的时候，这位主管的管理能力实在有限，但老张却挖掘出他的另一个优点，他是一个很好的演讲者。于是，老张就让他去做内部培训师，为基层员工进行各种工作报告。这位主管虽然由于能力限制，而不能适应公司规模的发展。但在20年的工作中，他不计回报的付出、一丝不苟的工作，却是值得称道、值得学习的。

在一次工作报告中，他就说道：“我们公司现在有将近1万名的员工，各部门的管理职位都没有空缺了，但很多管理者其实都跟我一样，20年下来，已经跟不上时代的进步，而成了部门发展的阻碍。那么，我们就要从年轻的员工中选择优秀员工来替代我们，他必须对市场最了解、对公司最忠诚、对工作最热情，而要想替代我们，就要靠你们自己的努力！”

于是，老张将他作为榜样在公司中进行宣传，以他 20 年的工作经历激励员工努力工作，成为下一任部门主管。

要想让榜样的力量经久不衰，我们可以举办各种形式的工作报告会。

● **增强激励力度**

工作报告是对榜样力量的有效宣传，榜样员工的亲身经历和感悟可以帮助员工更加直观地了解榜样的行为方式。工作报告作为一种有效的学习交流方式，在老张的公司得到了广泛的运用，榜样员工也以这种形式继续激励着员工。

● **延伸激励时间**

公开表扬、荣誉墙等形式可以让榜样员工受到激励，也可以让基层员工对企业有个大致的了解。但随着时间的推移，榜样员工会逐渐被员工所“淡忘”。老张不想公司的“元老”就这么被公司发展所“淘汰”，便以工作报告的形式让他们持续激励员工进步。

无论员工在哪方面有突出的表现，如工作能力突出、工作态度良好、工作经验丰富，这些都是员工走向成功的必备要素，我们可以让榜样员工根据自己的优势做工作报告，以激励基层员工向其学习。

● **定期举行榜样人物报告会**

我们需要定期举办榜样人物报告会，不仅可以以“榜样员工”评比促进员工积极工作，还可以保证“榜样行为”不落后于公司发展。通常来说，我们可以以一个季度为期限，每次选取 3 到 5 名榜样员工做报告。需要注意的是，榜样员工的报告内容必须具体真实，空泛的报告并不能取得员工的认同。

● **让榜样员工为新进员工做培训**

新进员工对于公司的了解并不深入，单纯的工作报告形式，往往会让新进员工无法得到一个直观的了解。这时，我们就可以采取培训的方式，让榜样员工从一个更加全面的角度为员工进行“自我介绍”，这种培训通常可以从公司发展史开始，以个人在其中发挥的作用作为主体，激励新进员工向榜样员工发展。

- **将榜样员工与普通员工区别开来**

我们可以为榜样员工制作特别的工作服、名牌或是其他的标志，将榜样员工特殊化，其实是为其贴上一个明显的“标签”。一方面，个性化的稀有标志，可以激发员工成为榜样的欲望；另一方面，将榜样员工特殊化，有利于普通员工对其进行监督，从而保证榜样员工的“先进性”。

第八章

沟通激励：打通交流渠道与员工零距离

走进员工内心也是一种激励方式

企业就像一个不断运转的巨型机器，管理者、员工是其中最重要的两个零部件，而沟通则是一种必需的润滑剂。

良好的沟通可以使管理者走进员工的内心，而这本身就是一种有效的激励方式。

在沃尔玛公司，其管理者山姆·沃尔顿提出了一个沃尔顿法则，发人深省。沃尔顿认为，人力资源管理的核心在于沟通，良好的沟通不仅是实现激励有效的关键，也是公司走向成功的关键。

在沃尔玛的员工眼中，管理者们是名副其实的“公仆”。沃尔玛的管理者的主要职责就在于，通过沟通为员工提供服务和引导，以帮助他们走向成功。

在沃尔玛，对员工不尊重是不被允许的。事实上，山姆本人就十分热衷于与员工进行沟通，员工可以向山姆咨询在工作中遇到的疑问，也可以反映公司存在的问题，甚至可以只是单纯地和他拉拉家常。

与员工沟通并不是山姆的一厢情愿，其实，每个员工都期望管理者能够积极地了解自己。沃尔玛的一位门店经理就曾说过：“山姆经常会到各个门店去参观，我们一直很期待山姆能够到我们这里来，即使只是和我们打个招呼、聊聊天。”山姆不是一个爱摆架子的管理者，与员工所想象的不同，山姆的平易近人令人吃惊。当山姆来到门店时，他与员工说得最多的就是“工作还开心么？有什么问题么？还想要什么福利么？”

在沃尔玛已经发展为全球最大零售企业的今天，仅仅依靠山姆和管理者到处参观已经不能满足员工沟通需求了，沃尔玛每年在网络和卫星通信上的投资高达数亿美元，每周都会组织各个部门召开员工会议。山姆还将全球各分店按照区域进行划分，选出区域主管，区域主管的主要职责就是维持区域内的良好沟通。

可见，良好的沟通是员工激励的重要组成部分。

● **缩短管理者与员工的距离**

良好的沟通可以极大地缩短管理者与员工之间的距离，让管理者在沟通中得到更坚实的员工支持。沃尔玛的员工都很喜欢山姆，对于公司的决策也都能表现出很强的支持度，并积极地去落实执行，这些正是源于其完善的沟通机制。

● **给员工带来精神鼓舞**

管理者频繁地与员工进行深入地沟通交流，员工可以感受到公司的认可和关心，这对于员工而言，具有极强的精神鼓舞作用。山姆十分了解员工的精神需求，也懂得对于公司而言，员工的支持是最重要的，因此，沃尔玛将沟通作为内部管理的重要环节。

随着现代管理理论的不断发展，我们越来越发现沟通的重要性。事实上，在当今的企业管理中，我们已经很少看到管理者以命令的形式发布任务，或是通过斥责来指责员工的缺陷。

管理者更多是以沟通的方式，在一种和谐的交流过程中，对员工的工作进行指导。这是因为，如果没有良好的沟通，员工对公司的认同感就会被削弱，其工作效率和积极性也会随之下降。而过多的命令和斥责甚至会引发员工的反感，这带来的就不仅是不支持了，还会造成员工对管理者和工作的抵触情绪。

- **营造融洽的氛围**

在进行沟通之前，我们应努力消除管理者与员工之间的距离，距离感是导致沟通无效的重要因素。这就要求，作为管理者，我们首先要放下“架子”，不要追求员工对自己的敬畏，敬畏的结果往往是员工的“敬而远之”。我们应尊重员工，虽然职位有层级差别，但作为公司的一个组成单元，我们和员工是平等的。

- **注意沟通的细节**

我们在与员工的沟通中，要注意一些细节，我们不可能完全消除与员工的距离感，这就造成了我们在沟通时其实是处于一种“弱势地位”的。我们在与员工沟通交流时，首先要控制自己的情绪，斥责、训斥等过于激烈的情绪是不适合的。对于员工而言，“一次斥责抵得上十次降薪”。而如果一定要严肃地指出员工的错误，我们也要注意场合，给员工留些“面子”，员工会更感激你。

你的部门是否有完整的沟通体系？

沟通的进行很大程度上决定了公司运营的效率，而为了有效地利用沟通对员工的激励，我们就要在公司内部构造一套完整的沟通体系。

迪士尼在全球市场上都享有盛誉，这都源于其员工高涨的工作热情，沟通在其中扮演着相当重要的角色。

迪士尼的员工数量已经超过了1万2千人，这却没有对其沟通的有效性造成阻碍。这里我们就不得不提到迪士尼完整的沟通体系了。

一、员工协调会议

迪士尼每月都会举办一次员工协调会议，管理者和员工都可以在这次会议上进行公开的讨论，而讨论的主题主要围绕在各自遇到的问题上。而为了收集到更多的员工意见，迪士尼会分阶段地开展协调会议。首先是在基层员工之间，由员工小组组长或项目经理组织，小组内部会对所有问题进行收集和初步解决。而无法解决的问题会被提交到部门协调会议，再往上则是总部的员工协调会议。由此，公司内部的问题可以在一步步的沟通协调中，得到有效的解决。

二、主管汇报

迪士尼的部门主管还需要向上级提交一份完整的年度汇报书，在这份报告中，主管除了要对部门发展和财务状况进行完整的介绍和分析外，还要针对部门以及公司发展提出自己的建议和意见，并要对部门协调会议的开展情况做出详细的汇报。

三、员工大会

迪士尼还会在工作期间，抽出时间举办一次小型的员工大会。员工大会的举办通常也是以部门为单位，但是由总部派人主持。在员工大会上，与员工相关的问题是讨论的主题。总部代表首先会对公司的财务状况做出汇报，然后，员工就可以针对薪酬、福利、晋升等问题进行提问，总部代表需要进行现场解答。在员工大会上，个人问题是不接受讨论的，每个问题必须都是在部门内部广泛存在、与所有员工都相关的。

完整的沟通体系是提升沟通有效性的有力保障。

- **沟通更加全面**

一套完整的沟通体系，可以尽量满足每个员工的沟通需求。迪士尼通过3个模块的沟通机制，使员工可以更多地参与进来，也可以让公司对所存在的问题有更全面的了解。

- **沟通更有效率**

随着公司规模的扩大，管理者没有时间和精力与每个员工进行单独的沟通交流。迪士尼则通过一套双向的沟通体系，使内部沟通可以从上而下、由下而上地同时进行，效率更高。

很多管理者虽然知道沟通的重要性，却碍于时间和精力的限制，无法与员工之间进行良好的沟通。有的管理者则不重视沟通，他们更愿意去思考公司的“大问题”，比如发展方向、技术革新、资金流通等，而忽视了与员工交流这样的“小问题”。

为了使沟通能够在管理者那里得到重视，也为了使沟通可以更加高效地进行，公司必须建立起一套完整的沟通体系。

- **定期举办员工会议**

员工会议是一种集中性的沟通方式，管理者可以在短时间内与多个员工进行有效的沟通。在员工会议上，管理者可以发布公司的最新信息，员工也可以提出自己一段时间内遇到的问题。员工会议一定要定期举办，这样，员工和管理者才能积极收集需要沟通的信息。

● **积极进行一对一交流**

一对一的交流无疑是最有效的沟通方式，管理者应在自己有空余时间时，积极进行一对一的交流。而对于交流对象的选择，我们要注意其典型性，比如，业绩有突出进步的、表现有明显下滑的、参与度或人缘好的员工等。

● **建立沟通控制机制**

为了使沟通更加深入和广泛地进行，公司要建立起一套沟通控制机制。对管理者与员工的沟通进行控制，主要是对其有效性、时效性进行评估。通过这套机制的建立，管理者会更加积极地与员工开展良好的沟通。

将被动沟通化为主动交流

员工通常会对与管理者进行沟通表示抵触，他们害怕在沟通中暴露自己的缺点和不足。这时，作为管理者，我们就应主动与员工进行交流，而不是等着员工来与自己沟通。

李总做为一家企业的管理者，曾抱怨："怎么员工都不愿意跟我主动交流呢？"

之所以有这样的抱怨，是因为有一次，李总要出国与某国际企业商谈合作的问题，于是，他就把国内的一个谈判任务交给了公司的销售主管。可是，等到李总回来，这次谈判竟然没有进行。

原来，为了提高公司的销售效率，李总决定在华东区设定一个总代理，与这个总代理的合作合同已经签订过了。那么，原来的那些经销商就需要与总代理合作，而不是与公司直接合作。这次谈判的目的就是说服这些经销商与总代理的合作。

但是，这位销售主管却觉得这样的做法并不妥善，因为公司与那些经销商已经有了很稳定的合作关系，公司却突然找了一个独家代理，这对经销商而言无疑是一个打击。销售主管就想着等李总回来，再商量商量。

李总当时就很生气，和经销商的谈判是事先约定好了的，对方也已经表示了理解和支持。现在却失约了，本来可能通过洽谈达成的，这么长时间过去了，就又有了很大的变数。

李总就很不解："为什么销售主管不主动点儿，当时就跟我商量呢？"

其实，我们不能只是责怪这名销售主管，李总也要从自己身上找原因。

- **员工会规避犯错的可能**

员工会规避一切犯错的可能，与经销商的谈判失败可能会造成公司的销售渠道损失，这名销售主管就想和李总再商量确认一下。不去做不确定的事，就可以避免犯错。对员工而言，自身的"安全"是第一位的，而不愿意主动与管理者进行沟通。

- **管理者要主动与员工交流**

如果李总在事先就与主管进行一次交流，向主管说明这次谈判的具体信息和"安全性"，主管就不会害怕承担责任。事实上，管理者并不能期望于员工主动的进行沟通，而应以更大的耐心和积极性去与员工进行交流。

沟通是一种相互的过程，管理者则应自觉占据沟通的主导地位。我们常常会发现，很多员工在损失发生之后，才向管理者进行沟通报告。这是因为，员工首先会倾向于做"没有危险"的工作，而对于拿不准的工作，员工会选择先放在一边。有的员工会大着胆子去做一些自己不确定的事，但不会向管理者进行汇报，他们会想着“等看看结果再说，万一做法没错呢？”事实上，等发现错误时，我们已经来不及挽回损失了。

因此，作为管理者，我们要在管理中，将被动沟通化为主动交流。

- **增强自身主动沟通的意识**

很多管理者习惯了发布命令，让员工“放手去做”，他们会认为这是一种放权，员工可以拥有更多自由发挥的空间。事实上，在“放权”之前，我们要先与员工进行一次交流，让员工了解相关信息，并对其做出一定的指导，这样员工才能更好地行权。管理者首先要增强主动沟通的意识，了解沟通的重要性。

- **增强员工主动交流的意识**

员工往往缺乏与管理者交流的勇气，他们会害怕被认为是无知、无能的。要增强员工主动交流的意识，我们首先要为员工营造一个“安全”的沟通氛围。我们要让员工明白，主动交流不会被责骂，如果因为没有沟通而造成公司的损失，则要接受惩罚。

几种有效的沟通模式

管理者通常会纠结于何种沟通模式更为有效，其实，对于沟通模式的选择，我们必须结合自己公司的实际情况来进行。

IBM为自己的员工提供了多样化的沟通模式：

一、直线沟通

直属上司与员工之间有着更深的了解，他们的沟通互动也更为方便可行。每年年初，IBM的员工都会与其直属上司有一次详细的交流，根据员工过去的工作表现、工作能力、公司的发展策略等信息，员工在这次交流中要确定一个年度目标。在之后的一年中，员工的直属上司会定期地与员工进行交流，对其阶段性的表现进行评估，并引导员工改正缺点。

二、越级沟通

IBM为员工提供了多种越级沟通的渠道，这是为了弥补直线沟通中，员工可能由于直属上司疏忽而不能进行有效的沟通。在IBM，员工有权越级与管理者进行一对一的谈话。在关于人事变动的问题上，员工则可以直接与总经理进行面谈。IBM的员工还需要定期填写意见调查表来表达自己的意见或建议。值得注意的是，意见调查表的填写是不记名的。

三、其他模式

IBM还积极采取内刊、公告栏、申诉等模式为员工提供沟通渠道。IBM还有一个独特的沟通模式，被称为“有话直说”。员工可以随时针对公司的制度、方案提交书面建议，相关部门则需要在10个工作日内做出答复，员工可以凭借有效的建议得到公司的奖励。

四、“沟通十诫”

为了完善公司的沟通模式，IBM还出台了“沟通十诫”：沟通前说明立场；了解沟通的目的；营造沟通氛围；收集建议；注意语调；保证资料有效性；沟通后效果跟踪；发展性的眼光；言行一致；耐心倾听。IBM的管理者必须根据这“十诫”对自己的沟通效果进行评估，并做出改善。

我们必须找出适合自己的沟通模式，这里，我们向大家推荐几种有效的沟通模式：

● **会议**

会议是被广泛采用的一种沟通模式，其形式多样，包括董事会、管理者会议、部门会议、员工大会、项目会议、辩论会，等等。

● **报告**

报告是一种较为正式的沟通模式，其内容也更加详细、全面。报告一般以月度、季度、年度为期限，以期限内的工作状况为主要内容。需要注意的是，员工需要对上级进行汇报，管理者同样需要对员工进行汇报。

● **调查**

调查是公司主动开展的一种沟通模式，其特点是更具针对性。公司在需要对某个问题进行了解时，可以通过调查的形式取得与员工之间的沟通。

● **培训**

培训可以看作是一种单向性的沟通模式，公司在对员工的培训中，向员工传达其需要知道的信息，培训可以最大程度保证这种传达的有效性。

● **面谈**

面谈的沟通作用最为明显，通过一对一、一对多或者是多对多的形式，员工与管理者之间的距离感可以得到有效削弱，信息的交互也更为直接。高互动性是面谈的最大特征。

● **书面沟通**

书面沟通则更为方便。管理者在需要传达信息时，可以通过公告、内刊、宣传栏等形式发布信息；员工如果想表达自己的意见或建议，则可以通过邮件、“小纸条”等方法。

非正式沟通，交流更自在

当我们将员工作为“社会人”来看时，就会知道，员工对于沟通具有天然的需求。员工之间会对各种信息进行交流，比如某某员工升职了、哪些人的工资又涨了、公司又要出台什么新计划了……我们不妨从员工之间的沟通模式学些经验，通过非正式沟通，让管理者与员工的交流更加自在些。

通用电气在过去是一个等级森严的公司，上级与下级之间的沟通机会都是以各种较为正式的形式进行的。韦尔奇在上任之初，就深感这种“腐朽”的沟通方式让公司变得“死气沉沉”。

韦尔奇对这种情况的应对手段就是引入非正式沟通。在韦尔奇与员工之间的沟通中，我们几乎看不到正式的通告、信件、命令。韦尔奇更愿意用“小纸条”、电话、面谈来向员工传递信息。

每个星期，韦尔奇都会来一次突击式的访问，他会来到车间或办公室，与遇到的员工进行一次深入的交谈。有时，韦尔奇还会与基层员工或管理者进行一次正式的午餐，在午餐中进行一次非正式的交流，从而对公司运营有一个更全面而直观的了解。每年与韦尔奇有过交谈的员工有几千名之多，这也正是韦尔奇能够成为“20 世纪最伟大的经理人”之一的原因。

除了日常的非正式沟通之外，韦尔奇每年都会为年度“英雄”举办庆祝派对，员工在交流中交换学习经验，在活动中更加团结在一起。一般来说，这种派对会一直到凌晨才结束，而韦尔奇无论多忙都会参加到其中。韦尔奇还会针对“英雄事迹”发表一份风趣的演讲，这份演讲会被翻译成8种语言在各分公司间流传。

对于沟通激励而言，非正式沟通往往发挥着更明显的效用。

● **形式更为灵活**

非正式的沟通形式灵活，几乎所有人与人之间的沟通方式都可以被应用到其中。韦尔奇与员工之间的非正式沟通从来没有形式的要求，简单的一次谈话、偶尔的一次午餐、疯狂的一次派对……灵活的沟通形式也使沟通效率大为提升。

● **效果更为明显**

我们在进行非正式沟通时，不会有太多的事先策划，时间、地点、对象、内容等都是不确定的。韦尔奇“突击式”的沟通方式，让员工没有沟通压力，而能更为真实地表达自己的想法，这也是沟通激励的目的所在。

对于员工而言，非正式沟通令其更加自在，这是因为，非正式沟通通常是以一种社交式的方式进行的。在非正式沟通中，管理者可以收集到更为真实的信息，员工也更能感受到管理者的平等对待。

当然，非正式沟通也存在一定的缺陷，那就是信息的失真、曲解。由于非正式沟通更多是在员工之间进行的，管理者无法保证其传递的信息的真实性，也无法确保传递的信息被正确理解。因此，我们要合理利用非正式沟通，将其与正式沟通相结合，以取得更好的效果。

一般来说，非正式沟通的形式有以下几种类型：

● **直线型**

在非正式沟通中，信息更多是通过一对一的方式传递。当公司非正式沟通是这种类型时，管理者需要注意防止信息在传递的过程中被误读而失真。

● **辐射型**

当公司内部具有某一个关键性的人物时，信息就会由这个人传递到所有员工。管理者可以成为这个关键性的人物，基层员工也可以。

● **随机型**

当然，在组织性不强的公司，信息的传递呈现出一种随机性。员工随机地将信息传递给其他员工，管理者随机地与某个员工进行交谈。这种非正式沟通形式，可以让管理者了解的信息更为真实，但也对信息在员工间的传递管理提高了难度。

信息开放共享，沟通无障碍

沟通的目的在于通过信息的交流，对员工进行激励。同样的，如果我们能够在公司内部对信息进行开放共享，沟通的障碍也会大大减少，从而提升效率。

沃尔玛在全球各地已经开设了超过3千个门店，而为了对这些门店及其员工进行有效管理，沃尔玛在内部对信息进行充分的开放共享，以促进沟通的有效进行。

沃尔玛鼓励内部信息的公开交流，在世界各个公司中，我们很难找到像沃尔玛这样与员工共享信息的公司。而且，沃尔玛与员工的共享信息，更多的是公司的内部机密。我们不得不佩服沃尔玛的魄力和勇气。

沃尔玛每周都会召开一次员工会议，在会议上，沃尔玛主要就门店的销售业绩、利润情况、管理缺陷等机密信息进行报告交流，会议的结果也会被传到公司总部以及其他门店。这样开放的信息，使沃尔玛在员工面前没有秘密，沃尔玛对员工的充分信任也赢得了员工的忠诚。

沃尔玛的每位员工都可以自由地与任何管理者进行沟通交流，这在沃尔玛被称为“门户开放”。所谓的“门户开放”，就是要求管理者善于倾听，鼓励员工主动交流。

为了提高沟通的效率，使沟通可以更顺畅地进行，我们需要尽可能保证信息开放共享。

● **促进员工相互信任**

信息的充分开放共享，可以减少员工之间的猜疑。沃尔玛的员工不会去考虑总部是否给某地区或某分店提供了政策倾斜，也不会猜忌某员工的升职、加薪，因为一切信息都是开放共享的，一切管理行为的发生也都是有理有据的。

● **使沟通更具及时性**

很多时候，员工不主动地与管理者进行沟通，是因为其认为管理者某项行为的不妥其实是公司的需要，是一种对公司困境的妥协，这就造成了沟通的不及时性。沃尔玛的公开交流则有效地解决了这一问题，提高了沟通的及时性。

很多管理者会对公司的信息“藏着捏着”，不让员工知道。他们认为，信息的不对称可以使自己在公司中占据优势地位，从而方便自己对员工的管理。事实上，信息的保留使员工在执行任务时缺乏相应的信息支撑，从而出现失误，而失误造成的损失更多的要由管理者承担。

信息的开放共享是沟通有效进行的基础，对公司信息没有充分的了解，员工就无法有效地投入到工作中，也就无法与管理者展开有效的沟通。有时，当员工鼓起勇气向管理者提出问题时，管理者会故作深沉地说：“这个问题我早就知道了，公司一直在想办法解决。”这其实是对员工工作积极性的极大打击。

我们可以通过以下几种形式，来实现信息的开放共享：

● **公告栏、通知**

在公司的日常工作中，我们经常会发现一些问题，或是对决策做出一些调整。对于这些信息，我们需要及时告诉员工，以防问题继续发生带来损失，或是决策无法快速得到执行。这时，我们可以将信息张贴在公告栏上，并为每个员工发放详细的通知。

● **员工大会**

员工大会的定期性、高参与度，使其成为一个高效的信息共享平台。每次举办员工大会时，我们都可以对当期的运营成果进行总结汇报，让员工对于自己一段时间的工作成果有所了解，同时，我们还可以借此发布下期的工作安排、目标，并明确各自的权责。

紧跟时代潮流的网络沟通法

随着网络技术的飞速发展，每个员工每天都会耗费大把的时间在社交网络上，不管是即时通讯、微博还是网络社区，员工都表现出极强的兴趣。那么，作为管理者，我们何不紧跟时代潮流，利用网络来进行沟通激励呢？

微软无疑是信息技术时代的领军者，比尔·盖茨当然不会浪费其顶尖的网络技术。

在微软内部，员工以项目小组的形式进行工作，每个小组负责某个操作系统或是应用程序的开发。微软中存在着那么多的项目小组，比尔·盖茨自然不能一一去和每个小组长进行沟通，盖茨最喜欢使用的沟通工具就是电子邮件。

盖茨对于电子邮件的沟通效率一直都赞不绝口，盖茨每天与员工互发的电子邮件达到上百封，其电子邮件的内容通常都显得简短而随意。有时候，盖茨会给项目组长群发一封电子邮件——“本来定在今天下午的会议取消了，大家专心工作，明天上午十点再开。”员工给的回复也只是一句“收到”、“知道了”、“好的”。

通过电子邮件，盖茨可以在任何时间、地点与员工进行沟通。盖茨度假的时候，也会与管理者或员工发上几封电子邮件，有时候是关心一下工作状况，有时候则只是炫耀其旅游成果。员工也可以随时给盖茨发上一封电子邮件，他们不需要考虑盖茨现在在哪、是不是方便。“反正发过去了，盖茨有空的时候会看到的”，他们也不会对用词进行太多的斟酌，“不离谱就好”。

网络沟通虽然看起来很简单，但其效率之高不可否认。

● **使用方便**

在现今的企业工作中，每个员工都会有一台电脑，每台电脑都可以连上网络。这就意味着，通过网络，我们可以与员工进行实时的沟通，而不需要考虑时间、地点、对象的限制性。盖茨每当做出什么决定时，都会直接以电子邮件的形式将信息传递给相关员工，而不需一个个打电话或召开临时会议。

● **效果更好**

网络沟通同样是一种非正式的沟通方式，由于沟通并不是面对面地进行，员工可以更有逻辑、更自在地向管理者表达自己的观点。网络沟通对于消除管理者与员工间的沟通阻碍而言，有着重要的作用。微软的员工都乐于通过电子邮件跟盖茨沟通，毕竟只是敲敲键盘而已，这对于员工而言，是再简单不过的沟通方式了。

网络技术在当今社会中已经得到广泛的应用，对于企业管理而言，我们更加不能忽视其在沟通激励中的优越性。通过网络与员工进行沟通，可以避免多层级传递带来的信息缺失或失真，也可以使沟通更加及时灵活。网络技术的优越性，使我们必须紧跟时代潮流，采取网络沟通法，提升沟通激励的效果。

我们可以灵活运用各种网络，以满足管理者不同的沟通需求。

● **通过微博发布公告**

一些公司层面的信息传递，我们可以通过官方微博发布公告。当然使用微博的前提是，鼓励每个员工成为官方微博的“粉丝”。

● **使用电邮实时交流**

电子邮件最大的特征就在于其及时性，随着科技的不断发展，我们不仅能通过电脑收发电子邮件，手机也成了电子邮件的收发平台。这就最大限度地保证了沟通的及时性，我们可以通过电子邮件与员工进行实时性的交流。

● **通过社区开展讨论**

网络社区是最佳的讨论平台，每当公司需要进行决策时，都可以在社区里发帖征集意见，员工可以通过社区与其他部门的员工交流。网络社区的另一大优势在于，我们可以在网络社区中设置不同的版块，对不同的员工开放，这样，我们的信息交流就更具针对性。

第九章

情感激励：
动之以情，增加员工的归属感

在办公室营造家的氛围

情感激励对员工的影响更为直接，员工的工作情绪对其工作效率也起着决定性的作用。一般我们可以将员工的情感需求理解为利他主义、享乐主义、争先性等，我们必须重视员工的情感需求，在办公室营造出家的氛围。

1980年1月，一位护士正在病房门口做着看护，这时，有一位老人走进来要求看望病人。医院规定非探望时间不接受病人亲友探访，虽然这位一头白发的老人冒着寒风而来，护士仍然不做让步。

这名护士不知道的是，这位老人并不是病人的亲友，而是病人丈夫的老板——通用电气管理者斯通先生。斯通在得知员工哈桑的妻子正在住院治疗时，特意抽空前来探访，没想到却遭到了阻挠。虽然探访的目的没有达到，但其却产生了极强的情感激励效果。

从那次探望以后，哈桑的工作更加积极了，遇到公司加班也毫无怨言，当哈桑成为加州销售部主管时，加州分公司就成了通用最具有盈利能力的部分。

对于管理者而言，情感激励并不是什么难事，我们只要将员工看作家人，让员工感受到自己的真诚就好。

- **激发员工工作激情**

与物质激励相比，情感激励的效果更加强烈，也更为持久。哈桑努力为通用付出，并不是因为通用的薪酬激励，也不是因为其晋升机制，而是因为斯通将每个员工都看作自己的家人。

● **挖掘员工工作潜能**

一般而言，员工在工作中只会发挥自己两三成的工作能力，而当受到情感激励之后，员工会更积极地工作，并以八九成的潜能投入工作。这也就解释了，为什么哈桑能够从一个普通的销售员成为一个成功的销售主管。

● **提升员工的责任意识**

当管理者成功在办公室营造出一种家的氛围时，员工与公司就会产生更多的情感联系，也就会更加负责任地对待自己的工作。在受到斯通的情感激励之后，哈桑就会尽量避免在工作中出现纰漏，以防为公司带来损失。

正如之前所说，情感激励并不是一件难事，我们只需要对员工真诚即可。

● **真挚的关心**

我们必须关心员工，不仅是关心员工在工作中遇到的问题、表现出的需求，我们还要关心员工在生活、学习中遇到的困难，并尽力给予其相应的帮助。关心更多体现在日常的细节之中，员工心情不好、身体不适、家中有事时，我们都可以发出一声问候。

● **真诚的信任**

管理者的信任可以带来员工的自信，自信的员工才会更热情地自我表现。所谓“用人不疑，疑人不用”，员工既然来我们公司工作，我们就要对其表示出真诚的信任，不论是对其工作能力还是工作态度。也就是说，我们必须信任员工并帮助员工更好地自我发挥。

● **由衷的赞赏**

每个人都渴望得到别人的赞赏，他人的赞赏是对自己的认可和肯定。当员工做出成绩时，我们就要由衷地赞赏他。这种赞赏或许只是一个微笑、一句话、一点奖励，其实，形式对于情感激励而言并不是最重要的，满足员工的情感需求才是情感激励的核心。

凝聚人心的定期活动法则

我们要将员工凝聚在一起，使员工从情感上认同公司，这样才能团结全公司的力量去实现发展。而要凝聚人心，定期举办一些活动是很必要的。

台塑集团每年都会举办一次“春季运动会”，每次公司几乎都要投入将近400万新台币在这个运动会上。

没有公司会做亏本的生意，这400万新台币的投入当然是为了得到员工更好的回报。体育活动本身就具有广泛的员工支持度，其对运动员的团结、合作、竞争、友谊的要求也正符合公司对员工的要求。

台塑当然不会在投入了400万新台币之后，只是举办一次简单的运动会。事实上，台塑集团管理者王永庆的“野心”是很大的。

台塑运动会一般都在青年节前后举办，青年节本身就是年轻人的节日，而伴随着社会上各种青年节活动的举办，台塑运动会不仅是为了让员工能够过个好节，也是鼓励员工在工作中更具活力和朝气。

台塑运动会还有一个吉祥物，他们的吉祥物是一种叫做“帝雉”的鸟类。公司根据其展翅高飞的姿态，设计出了一个形似火炬的吉祥物。员工在运动会中看到它，就会产生一种昂扬向上的进取精神。

此外，台塑运动会还有一个特别的项目——5000米赛跑。其特别之处当然不在于5000米很长，而是因为这个项目并不是只有台塑的员工才能参加，相反，台塑会邀请竞争对手派出代表参赛，台塑的管理者，包括王永庆也都会参赛。这样的赛跑项目，自然会让台塑的员工都团结在一起，努力取胜，而这种情绪也会被带到之后的工作中去。

定期举办各种类型的活动，可以有效地、有针对性地将员工团结在一起。

● **缓解工作压力**

经过一段时间的工作之后，员工难免会对工作感到厌倦，工作效率也随之下降。这时，我们不妨举办一些活动，让员工可以一起放松一下工作压力。经过第一季度的辛苦工作，台塑会举办一次运动会，为员工减压，从而使接下来的工作更具效率。

● **提升凝聚力**

公司如果能定期举办一些活动，员工就能轻松地在一起进行更多的交流，在相互了解中增进彼此的友谊。台塑以运动会的形式将员工团结在一起，员工要取得比赛的胜利，就需要相互合作，而在与竞争对手的比赛中，台塑员工更会“一致对外”，这就带来了更强的凝聚力。

活动的举办并不会为公司带来过多的成本投入，事实上，一些小型活动的举办成本微乎其微。但是，在定期举办的活动中，员工为了完成某一目标，而进行更多的沟通交流，这不仅能使员工在同事关系之上建立一种朋友关系，从而为团队合作奠定基础，还能为管理者提供融入员工的机会，使管理者可以获得更高的支持度。

很多管理者举办了活动，员工却不乐于参加，这就需要我们注意一些定期活动的小技巧。

● 注意活动的举办时间

很多管理者会把活动安排在法定节假日，利用“小长假”带着员工出去旅游是很多管理者的做法。这种做法其实是对员工情感需求的忽视，一般到了节假日，员工都会有自己的活动安排，管理者在这时举办活动，就会面临“没人参加”的尴尬。其实，管理者可以自己设置一个特别的日子，作为公司的节日，让员工在工作时间参加活动，这对员工而言吸引力更强。

● 注意活动的时间间隔

每个公司在运营中都会有旺季与淡季之分，为了不影响公司运营，管理者更愿意将活动集中安排在淡季，而在旺季则没有活动。然而，无论是淡季还是旺季，员工都有缓解工作压力的需求。我们不能指望员工将对活动的期待都放在淡季,从而在旺季专心工作。旺季通常意味着更高强度的工作，员工对于活动的需求更胜。因此，我们要注意活动的时间间隔，不能将旺季独立开来。

● 注意活动的组织形式

员工活动的形式有很多，可以是运动会、旅游，也可以是聚餐、唱歌。而在运动会、旅游这种活动中，员工虽然参与热情更高，但在之后，员工就会觉得很累；聚餐、唱歌则是相对休闲的活动方式，但员工的参与积极性却较低。我们在组织活动时，要注意形式上的“动静结合”，满足员工的不同情感需求。

以人为本，关心人而不只是工作

管理者在进行情感激励时，通常会弄错关心的对象。在今天的公司管理中，我们应该明白，对于公司而言，最重要的资源就是员工。因此，我们必须以人为本，关心人而不只是工作。

吉尔布雷斯夫妇的管理行为对我们的情感激励有着很好的指导作用。吉尔布雷斯夫妇可以说是管理理论界的名人，他们一个是“动作研究之父”弗兰克·吉尔布雷斯，一个是“管理学第一夫人”莉莲·吉尔布雷斯。

他们在进行公司管理时，很关心员工工作效率的提升，为此，他们还特意对“瓦匠”的工作动作进行观察研究，从而对工作环境做出调整，并设计出一套更高效的“动作流程图”。当然，如果只是这样的管理方式，那么员工只会被作为工作机器对待，而得不到员工的认同。

吉尔布雷斯夫妇在管理中更关心员工的各种需求。首先在薪酬方面，他们采取差别工资制；在工作环境的营造中，他们会注意消除不利因素；他们还会为员工安排定期的体检，并制定更加合理的作息制度，以满足员工的健康需求；为了提高工作效率，他们还会关心员工的信仰、工作习惯、家庭环境……

吉尔布雷斯夫妇的管理理论一直是以“人”为核心的。根据他们的研究成果，我们可以发现，当员工对公司表示不满时，并不是因为工作内容、薪酬水平等问题，而是管理者对员工的不关心。他们认为，在进行管理时，我们首先要关注的是员工，通过满足员工的情感需求，我们可以获得更高的工作效率。

正如两位管理学名家所言，我们在进行情感激励时，必须以人为本。

● **提高工作效率**

要想得到更明显的工作效率的提升，我们就要关心员工，以人为本。在吉尔布雷斯夫妇的研究过程中，我们不难发现，他们一开始也是从技术、薪酬等方面进行研究，然而到了最后，他们还是发现，关心员工是提高工作效率的最有效方法。

● **挖掘员工潜力**

我们进行员工激励的一个主要目的就是，通过挖掘员工的工作潜力来提升公司的效率。而要真正地挖掘出员工的潜能，我们当然需要关心员工，在对员工进行充分了解之后，才能知道其潜力所在。

情感激励是员工激励的重要组成部分，能够熟练地掌握情感激励的管理者，必然能赢得员工的尊重。而情感激励的一个重要前提是以人为本，管理者必须始终将员工作为公司的管理核心。

● **关心员工**

我们经常说“关心员工”，但其实，我们关心的只是员工的工作。我们将员工作为工作的执行者，却忽视了员工的情感需求，而将员工作为“机器人”来看待。管理者必须真正地关心员工，除了工作之外，还要关心员工作为“社会人”的一切因素，情绪、性格、信仰等都是员工的重要组成部分。

● **帮助员工**

关心员工自然不能浮于表面，当我们了解到员工的需求后，就要尽力满足员工的需求。当员工做出成绩时，他们需要的是一个肯定；当员工犯下错误时，他们更加需要一点宽容；当员工追求进步时，他们则需要机会和平台；当员工情绪不佳时，或许是需要一些休息了……

让员工对领导满意度打分

我们在管理过程中，总会采取各种方法以满足员工的需求，但是，员工的需求真的得到满足了吗？员工对公司的激励策略满意吗？我们不妨让员工来对领导满意度打打分。

企业管理者老沈，在学习了很多激励方法后，又不知道这些激励效果到底怎样，尤其是最近一段时间，员工离职率不降反升。专家建议他在公司定期进行满意度调查。

通过一次问卷调查，他发现，员工对公司很多措施都有不满意的地方。

1. 工作时间不稳定

因为他的企业是制造企业，接到的订单经常会变化，而上游厂商提供原料的时间也不一定，这就导致员工每周、每月都要加班。在他公司的员工每个月加班有100多个小时，虽然他给了员工相应的加班补贴，但员工还是不满于这种不稳定的工作时间。

2. 工作餐差

员工每天中午都可以到公司食堂就餐，但大多数管理者都不会注意工作餐的质量情况，他也不例外。工作餐的饮食质量差，使员工每天虽然有食堂餐票，却仍然愿意去外面就餐，食堂有等于无。

3. 不能集中休假

他在公司实施的是错班休假制度，每个月员工有4天的休息日，员工在月底对下月的休假时间进行申请，管理者会把每个部门的员工的休假时间错开。员工比较不开心，因为自己工作的时候别人休假去了，自己休假的时候同事朋友又在工作。

4. 娱乐活动少

虽然他每个月都会组织员工聚餐，餐后还会带员工去唱歌。但长期下来，员工都感到厌倦了，有的想出去旅游，有的想举办一次派对，他虽然定期举办了员工活动，却忽视了活动形式的多样性、娱乐性。

通过这次调查，他终于恍然大悟，对这些问题逐一解决，果然，员工的工作积极性高多了，离职的员工也少了。

让员工对公司的制度安排进行评价打分，可以让管理者了解员工不满意的地方，从而进行改善。

● **自我改善**

员工满意度调查是管理者自我改善的重要环节，管理者可以从调查中对自己的管理行为有个清晰的认识，了解员工还有哪些不满意的地方，从而加以解决。老沈设计了很多激励机制，却仍然收效甚微，这就需要去问问员工到底还有什么不满意的地方。

● **员工激励**

对员工进行满意度调查本身就是一种激励行为。当管理者对员工满意度进行调查时，员工会真切地感受到管理者的关心，这也是情感激励的一个重要组成部分。当老沈对员工满意度进行调查后，员工都会更加积极地工作，同时期待管理者的改善。

越来越多的企业开始实施员工满意度调查，调查不仅能为管理者收集管理效果信息，从而使管理者做出评估改善，还能给员工“主人翁”的感觉，让员工感受到自己对于公司的重要作用。

员工满意度调查的设计要从多个角度进行，我们要争取使调查内容更加全面。一般而言，员工满意度调查包括的内容有：

- **工作回报**

工作回报是一个相对广义的概念，我们可以将其理解为公司对员工付出的所有回报，包括薪酬、福利、休假、情感等内容。

- **工作环境**

工作环境包括工作生活环境和公司管理环境，生活环境包括办公环境、食堂条件等，管理环境则是作息安排、活动组织等。

- **工作关系**

工作关系是否和谐对公司凝聚力的强弱有着直接的影响，我们应从中对公司人际关系、沟通交流、团队合作等内容进行了解。

- **发展空间**

发展空间已经成为越来越多员工的工作动机，我们可以借此考察公司的培训、晋升、授权等机制是否完善。

- **管理制度**

管理制度的完善对于公司管理而言至关重要，组织结构、部门分工、制度制定机制以及宣传机制等是调查的主要内容，并应征集员工的改善建议。

- **部门主管**

部门主管是与员工联系最密切的一个人，而部门主管作为一个“社会人”，并不可能完美地执行公司决策，因此，我们要通过调查了解员工对部门主管的看法。

团队利益共享增加归属感

每个员工都有着自己的工作动机，员工在付出之前必然会对得到的回报有所期待。当团队走向成功时，员工也会希望自己能够得到应有的“分红”，无论是物质性的还是非物质性的，我们要积极与员工进行利益共享，从而增加其归属感。

李嘉诚作为“塑胶花大王”，其令人称道的不仅是商业头脑，还有商业道德。

李嘉诚的第一座工业大厦就是长江大厦，当初，李嘉诚正是在这里将长江实业发展壮大，并开始进军地产界。而当李嘉诚通过地产和股市赚的盆满钵满的时候，大家也都不再提他的塑胶花产业了。

事实却不是如此，到了20世纪70年代末期，塑胶花早就充斥在市场的每个角落，大批的塑胶花制造商导致这一块的利润已经是微乎其微了。对于李嘉诚的商业帝国而言，塑胶花更只是一块“蚊子肉”，但李嘉诚仍在维持着塑胶花的生产。

这并不是因为李嘉诚不舍得这点利润，而是为了给老员工的生计安排。当老员工辛苦半辈子，为李嘉诚打下江山之后，他们并没有被抛弃，升职的升职、加薪的加薪、退休后也仍然给其在塑胶花厂工作的机会。

李嘉诚的一位老员工就说过："李嘉诚事业有成之后，并没有对我们过河拆桥。相反，凡是跟李嘉诚合作过的员工，到后来都得到了妥善的安排。"

李嘉诚说过："老板养活员工那是旧时代的说法，现在，都是员工养活老板、养活公司了。"

一个公司要想获得长远的发展，就必须进行团队利益共享。

- **促进公司公平**

管理者通常能够得到更多的利润分红，这是因为管理者本身承受着更大的工作压力，所做的工作也更加复杂。李嘉诚认为，即使如此，管理者通过工作得到的回报也已经足够多了，那么，我们何不让员工也来分享他们工作的成果呢？

- **增强员工凝聚力**

员工之所以会愿意付出，就是因为公司会给予其相应的回报，如果管理者愿意与员工共享利润，则员工凝聚力可以得到极大的提升。李嘉诚从来不会对老员工"过河拆桥"，他会为每个老员工安排合适的出路，及时地与每个员工共享利益。

团队利益共享是公司获得持久生命力的关键，我们必须为自己的公司设计出一套完善的利益共享模式。要想让利益共享产生更好的效果，我们首先要知道，员工到底需要什么。我们经常说"甲之熊掌，乙之砒霜"，一部分员工的需求并不能代表全部的员工。

我们必须充分考虑员工的需求，以不同形式利益共享，将员工凝聚在一起。

● **财富共享**

公司所积累的财富几乎都是员工创造出来的，我们通常将其更多的用于公司的进一步发展，在管理者进行分红之后，员工得到的报酬就显得微乎其微了。我们要设置一个合理的财富分配机制，将员工的报酬放在第一位考虑。

● **福利共享**

管理者所得到的福利通常更多，他们有更完善的保险、津贴、退休金福利，而员工福利则没那么“丰盛”。我们应积极为员工办理职工保险，并结合员工工作内容，为其提供餐补、交通补贴、住房补贴。

● **荣誉共享**

作为管理者，我们不能把公司荣誉据为己有，荣誉是一个团队共同努力而得来的。我们在与员工共享利益时，必须将荣誉共享，以增强集体荣誉感。

● **知识共享**

当公司取得利润、获得成功时，我们应总结出成功的经验、知识，并将之与员工共享，以帮助员工提高工作能力，在今后的工作中更有效地为公司创造财富。

多关心员工家属，多一分体贴

当我们关注员工各种个人需求时，经常会忽视员工家属的需求。从某个角度来说，员工家属与管理者几乎是一种对立关系，家属希望员工可以多陪陪自己，管理者则希望员工将更多的时间投入到工作中去，员工夹在其中，也是两头为难。为了解决这一矛盾，我们不妨多关心员工家属，以更体贴的方式激励员工。

杜邦是一家生产化工原料的制造商，其员工流动率一直很低，公司总部很多老员工都已经在杜邦工作了30年之久。杜邦到底是怎么做到的呢?

在1995年的时候，杜邦刚在中国广州建立了其分公司，准备开拓中国市场。适逢那年的冬天特别冷，杜邦生产出了一种无纺布，既薄又保暖。杜邦的客户都购进了这种布准备制成手套，杜邦的管理者在一个客户那里看到样品，确实是很实用也大方美观。于是，杜邦首先订购了几百双手套，给每个员工的父母寄上了一双，随着手套寄到的还有一封亲笔写的感谢信，表示对其培养出如此优秀的子女的感谢。

员工开始并不知道这件事，可到家之后，就听到父母对公司赞不绝口，要子女好好工作，不要辜负了公司的信任。员工们询问之后，才知道公司竟然这么关心自己的父母，还对自己的父母这么赞扬自己，很是开心。

杜邦并没有什么独特的激励机制，但正是日常工作中的这些细节，对员工产生了极强的激励作用。

我们在关心员工的同时，对员工家属寄出一点问候，可以加强情感激励的作用。

- **缓解员工家庭压力**

每个员工在外工作时，都会承担着相当大的家庭压力。有时，员工对公司的薪酬、职位、作息时间都能接受，但架不住家人的唠叨，这反而引发了员工对公司的不满。杜邦给员工父母寄手套的做法，“讨好”了员工家属，就很好地缓解了这种压力。

● **提高员工忠诚度**

管理者如果能够表示出对员工家属的关心，员工就会更加忠诚于公司。这是因为很多员工的工作动机就在于满足家庭的需要，既然公司能够帮助自己实现这种需要，员工自然不会选择离开。这也是杜邦员工流动率超低的原因。

“老吾老以及人之老，幼吾幼以及人之幼”，这是孟子对理想社会的追求。当我们把员工作为“社会人”看待时，公司就成了社会的一个缩影，我们在管理时不妨也努力做到对员工家属的关心，以公司与家属的良好互动增强员工的工作积极性。

要表示对员工家属的关心，有这样几个方法可以借鉴：

● **办员工家属活动**

当我们组织员工活动时，不妨邀请员工家属一起参加，毕竟在旅游、派对这种活动形式中，人越多，活动效果也就越好。

有时我们可以给员工自己组织活动的自由，比如，对工作表现好的员工，我们可以奖励其一次全家旅游的机会或者只是两张演唱会门票。

● **给员工家属奖励**

我们召开年度员工大会时，可以为员工家属设置一些奖励，比如“夫妻和谐奖”、“家庭和睦奖”，并为其设计一些特别的纪念品。同时，我们可以给员工家属一些分红或其他物质奖励。

● **送员工家属礼物**

当员工家属获奖或者过生日时，我们可以代表公司为其寄上一份礼物；遇到节假日时，我们也可以送上一点小礼品；在冬季送上一些保暖用品，夏天送上一些防暑工具；员工结婚生子的时候……

给员工工作以外（生活上）的帮助

随着社会经济的不断发展，员工的生活压力在不断增大，其工作压力也随之增大。为了让员工能全身心地投入到工作中来，我们可以尽量给员工一些生活上的帮助，为员工解决后顾之忧。

日本的公司一直都积极为员工提供各种帮助，有工作上的，也有生活上的。而对于员工工作以外的帮助，除了体现在衣食住行上，日本的公司甚至会帮员工去寻找合适的配偶。日本很多管理者都兼着“媒人”的工作。

现在的年轻员工都表示不急着结婚，可到了要结婚的时候，他们又苦于找不到合适的对象。一般日本的年轻人到了30岁就会开始“相亲”了，与中国不同，日本男女在“相亲”时，会把“媒人”也带着，这些“媒人”中很多都是一方的老总。

事实上，为了帮助员工寻找合适的结婚对象，有的管理者甚至会“面试”，对员工的约会对象进行审核。由于管理者对员工十分了解，日本以这种方式进行“相亲”的员工大多还都成功了。管理者对员工关心到这种地步，员工自然会十分感激。

日本管理者连员工的“相亲”都要操心，那就更不要说其他生活上的事了。

高科技公司的员工福利向来令人羡慕，在北美的高科技公司里，这种福利更加“令人发指”。

加拿大北方电讯公司通过与一家按摩公司合作，为员工提供每周一次的按摩服务，当然，这是免费的；BCT电讯公司甚至在办公大楼里建了个健身中心，这个健身中心只为员工提供服务，这也是免费的；加拿大SAS公司为员工提供牙医保险，并可以为员工与牙医进行预约，不仅这是免费的，公司每年还会给员工500加元的保健费用。

管理者要想员工安稳地留在自己的公司，在提供工作上的帮助之外，还要为其提供生活上的帮助。

● **安稳的工作环境**

这里说的工作环境并不是指员工在公司的工作环境，而是包括家庭环境、生活环境等在内的环境。为提供员工生活上的帮助，可以为其营造一个更安稳的工作环境。日本的员工就不需要因为婚姻问题而打乱工作节奏。

● **积极的工作态度**

主动为员工提供生活上的帮助，可以让员工产生感激之情，感激管理者全方位的关心和支持，从而更加积极地工作。北美的高科技公司为员工提供了丰富的保健项目，帮助员工在工作之余增强体质。

员工作为“社会人”，其每天8个小时在工作，16个小时在生活。我们如果能将对员工的关心扩展到那16个小时中去，激励的效果也将成倍增长。

要能做到及时地关心、有针对性地关心，我们就要从三个方面做起：

● **了解员工的生活情况**

要在生活上给予员工帮助，我们首先要了解员工的生活情况。这就要求我们积极地与员工进行交流，只有这样，我们才能知道哪些员工平时生活比较困难，哪些员工最近遇到了烦心事。了解了员工的情况之后，我们才能有针对性地为其提供帮助。

● **真诚及时的关心**

当员工遇到生活中的困难时，我们首先要对其表示真诚的关心：员工生病住院时，管理者应主动前往探望；员工生活中遇到挫折时，管理者应努力开导员工积极面对……一旦我们得知员工需要帮助了，就应及时地看看自己可以做些什么。

● **量力而行的帮助**

在我们为员工提供生活上的帮助时，应量力而行。对于遇到特别困难的员工，我们无法凭借一己之力进行解决时，可以号召其他员工一起帮忙。而对于着急要处理的问题，我们应将其放在第一位，即使自己没有办法帮助，也要给员工自己解决的时间。

第十章

培训激励：

洗脑与稳定人才的双赢技术

稳定人才与提升效益一举两得

每家企业都会对员工进行各种各样的培训，无论是入职培训、在职培训、升职培训，还是外部培训、联合培训，培训作为一种激励方式在现代企业管理中得到了广泛的运用。

保隆（安徽）汽车配件有限公司的管理者就深深地体会到了培训激励的甜头，保隆（安徽）汽车配件有限公司只是上海保隆科技股份有限公司的一家分公司，其成立的目的主要是利用安徽的廉价成本生产汽车配件。

然而，令总公司没想到的是，正是这么一家分公司，却为集团提供了源源不断的人才输出，这无疑是得益于保隆（安徽）制定了一套员工培训激励制度。

在公司成立之初，由于安徽人才资源较为匮乏、行业水平较低，公司需要对员工进行相当长时间的培训，却仍然面临着人才流失、成本浪费的问题。而在员工培训激励制度制定实施之后，这些问题得到了很好的解决。

在制度制定中，公司将每个职位的工作内容对应的工作能力进行了细分，并配合以相应的核定程序，每个层级的工作能力和工作表现都会有配套的薪酬和职权。

正是这样一套循序渐进的激励制度，让员工积极参与到公司组织的培训中，并以自我培训的方式提高自身工作能力。

在消音器销售部门，有一个刚踏出大学校门的员工，进入公司时，他的销售经验为零。但在两个月之后，他就成长为消音器销售部门的“月度销售冠军”。

保隆（安徽）的公司业绩正是通过这套制度得到了有效增长，而其人才流失率也大为降低了。

培训激励的实施对公司的可持续发展有着不可替代的作用。

● **稳定人才**

完善的培训激励制度，有利于为企业留住人才。随着员工对于自我实现需求的增长，企业所能提供的培训机会越来越被员工所重视。员工进入保隆（安徽）后，可以得到一套循序渐进的培训，员工完全可以在其中逐渐培养自身工作能力，最终达成自我实现。

● **提升效益**

培训制度的完善对于企业效益的提升有着更加直接的作用，员工通过培训可以得到更强的工作能力，工作能力被应用到工作中就会为企业带来更高的效益。保隆（安徽）正是看中了培训激励的这一优势，将员工培训激励制度的建立和完善作为管理重心。

培训制度对于员工的激励效果毋庸置疑，我们必须认识到的是，培训与激励是相辅相成的两个环节。

首先，我们要以激励手段刺激员工参与培训，随着教育水平的不断提升，员工都有相当的学习能力，管理者在进行员工培训时，往往会遇到员工学习积极性不高的问题，这时，我们就可以将培训与薪酬、授权等激励方式结合起来，刺激员工参与培训。

其次，我们要将员工的培训效果融入公司发展中去，既然员工愿意参与培训，愿意提高自身的工作能力，我们就要帮助员工将工作能力转化为工作业绩，“学而不用”就真正是对培训资源的浪费了。

培训激励并不是简单地为员工提供培训机会，而要注意遵循这样几个原则：

- **公平性原则**

员工通常会将自己的付出回报率与其他员工做比较，不公平的回报率会打击员工的工作积极性。在培训激励中，我们可以将付出回报率理解为，员工所接受的培训以及所学到的技能与所得到的薪酬、职位提升之间的比率。我们必须在培训激励中注意融入其他更实质性的激励手段，同时，我们要将培训与考核相结合，确保培训激励的公平性。

- **以人为本的原则**

不同员工间的工作动机并不相同，这就意味着我们要对不同员工采取不同的激励方式。我们可以根据员工的职业生涯路线和所处层级，为其设置相应的激励手段。以人为本就是要求我们在培训激励时，充分考虑不同员工的不同需求，从而充分调动员工参与培训的积极性。

- **反馈原则**

我们必须对员工的培训做出及时反馈，当员工通过培训后，我们要及时给予其预定的奖励；而当员工无法完成培训时，我们也应该对其做出相应的惩罚。反馈不及时或不到位，会使培训激励失去可信度，员工就不会有欲望参与培训。

- **创新原则**

激励手段的多次使用会使其效果不断降低，我们应努力对激励手段的组合做出创新。在对员工的培训激励中，我们要结合市场环境、公司发展、员工需求对激励手段做出实时调整，通过符合公司自身需求的创新性激励手段，将激励效果最大化。

- **兼顾性原则**

我们在培训激励时，不仅要使用物质激励，也要采取精神激励。通常来说，我们可以将两者组合运用，将物质奖励精神化，或是将精神奖励物质化。以物质、精神的兼顾，满足员工的多层次需求。

合理培训模式，交叉“洗脑”工程

长期从事单一的工作，会让员工感觉倦怠，工作热情也会逐渐降低。员工的工作性质固化，也会使管理者在配置人力资源时缺乏灵活性。因此，我们需要采取合理的培训模式，对员工进行交叉式培训，使员工工作热情更加高涨。

零售业的员工流动率一直为管理者们所头痛，根本原因就在于零售业的业务内容较为简单，机械性的重复工作让员工感到厌烦，而零售业的发展前景也较为狭窄，员工认为无法从中得到长期的发展而选择离开。

沃尔玛能够成为世界级的零售业巨头，正在于其交叉式培训很好地解决了零售业的这一缺陷。

沃尔玛的员工并不只接受本部门的培训，他们在本职业务娴熟之后，就会被安排到其他部门学习，接受培训上岗之后，员工又可以接受另一个新职位的培训。沃尔玛的员工就是在这种交叉培训中，几乎人人都成了“全能型人才”。

在沃尔玛，有一个独特的管理模式叫做“飞鹰行动”。沃尔玛一直深受消费者所喜爱，而每到周末，沃尔玛都会挤满了前来购物的消费者，更不要说到了圣诞、元旦的时候了。每到这种时候，其他零售企业都会为销售业绩的大幅提升感到开心，同时也会为收银人手的不足感到无奈。沃尔玛则不同，为了减少消费者排队结账的时间，到消费旺季时，沃尔玛非前台的员工都可以到收银柜台临时担当收银员的角色，为消费者带来了极大的便利。

交叉培训的使用，对于企业，尤其是零售企业的工作效率有着极大的提升作用。

● **提高员工工作热情**

交叉培训的一个重要作用就是，从很大程度上解决了工作内容单调的问题。员工都会希望能够从工作中获得激情，而单调的工作往往会使员工的激情在重复中磨灭。沃尔玛以交叉培训的方式，为员工提供不断尝试不同性质工作的机会，员工的工作热情就会持续。

● **扩大员工发展空间**

零售业的发展更多依靠基层员工的服务，对于管理人员和技术人员的需求并不多。沃尔玛的交叉培训，为员工提供了进入其他部门发展的机会，而全才式的培养方式也为员工进入管理层奠定了基础。

简单来说，交叉培训就是让员工接受本职工作以外的培训。方法简单，其作用却不少。交叉培训既可以促进员工工作能力的全面提升，又可以提高公司人力资源配置的灵活性。

● **提升员工工作能力**

员工在能够熟练地进行本职工作之后，就有机会参与其他部门的岗位培训，员工最终甚至能学到企业各个系统的工作技能。这样相对全面的员工培训方式，必然能带来员工工作能力的全面提升，而不是将员工的工作潜能浪费在重复性的单调工作中。

● **提高员工积极性**

很多员工选择离职，是因为在某一职位长期滞留，却看不到更进一步的希望。这往往是因为员工工作能力与公司需求不一致，我们可以以交叉培训的方式为员工提供一个向上发展的机会，员工的工作积极性也会因此得到极大的提升。

● **降低员工利益冲突**

不同部门之间由于工作性质的差别，所能实现的效益也就不同，其最终所能得到的报酬也存在差别。这就造成了员工之间的利益冲突，有的员工会认为我在那个职位能取得的业绩并不比他差，凭什么工资比他低那么多。交叉式培训就很好地解决了这一问题，既然员工有这种想法，我们就真的让他到其他岗位去试试。

● **优化人力资源配置**

我们在进行人力资源配置时，常常会发现这样的问题：销售部门的员工太多了，后勤部门却只有一两个员工，我们要招聘后勤人员，却也不能无故辞退销售人员。交叉式培训则能够实现不同部门员工之间的有效转化，为企业节省了一笔不小的开支。

● **提高公司运营效率**

通过交叉式培训，员工可以对不同部门的工作模式有个直观的了解，从而能够更有效地配合其他部门展开行动。如果财务人员到各生产部门进行过学习培训，就能够在回到财务岗位后，对资金进行更有效的分配，从而提升资金使用率，提高公司运营效率。

不同人才要分层次培训

不同层次的人才，其工作性质不同，职责和权力也都不同，我们需要针对不同层次的人才，进行有针对性的培训。

肯德基为不同部门、不同层级的员工都安排了不同的培训计划。如餐厅服务员的服务沟通培训、餐厅经理的品质管理培训、部门主管的有效管理培训、人力成本管理培训……

应届毕业生进入肯德基后，需要经历3个月的实习期，期间，他们的职位为见习助理，受到的是关于餐厅服务的培训。而当他们升级为助理之后，他们就要学习关于餐厅管理方面的基础课程。等到他们再上升一个台阶，成为餐厅经理时，就会有更多更高级的管理培训课程。

在肯德基，每个新员工都要参加200个小时的入职培训，每个经理都要接受管理能力培训和高级知识技能培训，加盟店餐厅经理的这一培训过程甚至会持续20个星期。

1996年，肯德基为了开拓中国市场，在中国成立了“教育发展中心”，专门对全国各门店经理进行培训。这座“教育发展中心”每年会开设上千次课程，会为肯德基培训超过2000名餐厅经理。而且，平均每两年，“教育发展中心”都会根据市场变化对培训教材、方式、内容等做出详细修改。

分层次培训能够更好地提升培训激励的效果。

● **更具针对性**

很多公司为了节约培训成本，认为既然开展培训了，那么，“一个也是培训，两个也是培训，干脆让员工都去参加好了”。表面上，这种方法似乎是对培训效率的提高。事实上，这种做法使培训缺乏针对性，无法达成预期效果。

● **提高培训效益**

不分层次的培训安排，会让员工感到不解，“为什么后勤部门也来参加销售部门的培训？为什么服务员要学习做仓储管理？”这样的培训无法激发员工的学习主动性，造成了培训效益的降低。肯德基的服务员只需要参加服务沟通等相关课程培训，只有当他们发展到经理级别时，才会接受管理课程的培训。

在一个公司内部，我们可以将员工大致分为几个层次，这种划分一般可以从横向和纵向两个角度来进行。横向即按照员工职责、部门进行划分，纵向则是根据员工工作时间、职位级别进行划分。我们应将员工进行妥善的整理归类，从而分层次地对其进行培训。

● **经理、领导者**

公司经理作为公司的领导者，决策、方案、计划等通常都需要他们的拍板认可。这就要求公司经理在工作中更具理性，“拍脑袋决策”是不可取的。由于公司经理所承担的责任、所拥有的权力都相对较大，我们就需要对其进行特别的培训，以保证其工作能力、知识技能甚至是情感态度能够满足公司发展的需要。

一般而言，对于公司经理的培训，除了介绍公司既定的发展策略之外，首先要帮助经理提高运用自身能力、经验的效率，其次就在于帮助经理提升对市场、社会等宏观环境的认识水平，还包括对外交际、对内沟通的一些技巧。

- **基层管理者**

基层管理者可以说是公司与基层员工之间的缓冲带，他们既要激励员工贯彻执行公司的策略方针，也要处理好员工之间的工作关系，同时还要完成自身的业务指标。基层管理者通常由基层员工发展而来，因此，他们在管理经验和知识方面都略显薄弱。

当基层员工晋升为基层管理者之后，我们要尽快对其进行管理方面的课程培训，帮助其尽快掌握必备的管理技能。同时，我们要让基层管理者明白，基层管理者与基层员工的职责区别，而且工作环境和工作方法也都会有很大不同。

- **专业技术人员**

在公司的发展过程中，专业技术人员发挥着不可替代的作用。会计师可以帮助公司进行有效的财务管理，工程师可以帮助车间高效地进行生产操作，宣传师则可以帮助公司开展更有创意的广告策划……

对于专业技术人员的培训，我们主要可以从两个方面进行：一方面，我们要结合市场发展，收集各专业领域的理论、实践信息，帮助专业技术人员进行技能更新；另一方面，专业技术人员通常会局限在一个小圈子内，而缺乏与其他员工的交流合作，我们应对其团结性和沟通力进行专门的培训。

- **基层员工**

基层员工作为公司的运营主体，他们是公司发展计划的具体执行者，我们必须对其工作能力、工作态度、工作表现进行持续的关注，并以培训的形式帮助其在工作中获得更为优异的成绩。

培训基层员工，首先是要让他们了解公司的品牌文化、管理模式、行为准则以及各自的职责要求，其次则是教给他们完成业务必备的工作技能，同时，我们要在培训中激发他们的工作热情。

提供学习机会比加薪更有吸引力

随着市场竞争的日益激烈、市场环境的变化加剧，公司需要不断改善自身的发展策略，员工同样需要不断更新自己的工作技能。在当今市场环境之下，学习机会对于员工的吸引力越发强烈，而薪酬则不再是员工的唯一追求。

谷歌作为全球员工满意度最高的公司之一，一个重要的原因就在于，谷歌能够为员工提供丰富的学习机会。

Google EDU是谷歌最新的一项培训计划，这项计划的实施主要是为了应对Facebook、Twitter、亚马逊等新兴网络巨头的挑战。这一计划的主旨在于提升员工的紧迫感和关注度，从而使谷歌能够灵活应对竞争对手的竞争手段。Google EDU为员工提供更丰富的学习机会以激励员工努力工作，从而实现公司利润的增长。

谷歌的每个员工都有机会参与到Google EDU计划中去，以提高自己的工作技能。事实上，在Google EDU实施的一年间，已经有超过一万人接受了培训，要知道，谷歌在全球市场上也只有三万余名员工而已。

谷歌为员工提供的不仅是学习机会，更是高质量的课程内容。谷歌每年都会对课程内容和培训方法做出调整，以适应员工的需求。

根据美国培训与开发协会的统计，全美的众多企业仅在2010年就投入了超过1700亿美元在员工培训上，其中，仅通用电气一家的投入就达到了10亿美元。

越来越多的公司开始为员工提供更多的学习机会，而不是薪酬。

● **目标明确**

我们在为员工提供学习机会时，必须要有一个明确的目标。员工通过培训可以学到什么？所需知识是否能被应用到工作中去？是否有利于工作效率、公司效益的提升？Google EDU的实施目标十分明确，那就是让员工能够更高效地应对市场竞争。

● **学以致用**

管理者除了要为员工提供学习机会，还要为员工创造一个能够学以致用的环境，我们要帮助员工有效地将所学知识应用到工作中去。谷歌首先会对员工的过往表现和所处层级做出分析，从而为员工提供更为实用的培训课程。

随着市场竞争的日益激烈，我们已经难以在市场中维持一个长期的优势地位。任何一个创意都会在短时间内被复制到令人乏味，任何一个新制度都会被竞争对手快速学习掌握，任何一个失误都可能为企业带来无法挽回的损失。

在这个多变的市场环境中，我们必须为员工提供丰富的学习机会，这不仅是为了增强员工的应变能力，也是为了提高公司的生存力。对于员工而言，丰富的学习机会更是一种有效的激励方式，可以促进员工更加高效地、积极地完成工作任务。可以说，为员工提供学习机会，就是为公司和员工提供一个双赢的机会。

- **营造良好的学习氛围**

在为员工提供学习机会之前，我们首先要在公司内部营造一个良好的学习氛围,让学习机会真正能起到激励每个员工的作用。提供学习机会之前，我们要努力提高员工的学习主动性，这样，员工就会自主地挖掘学习机会。即使我们不提供专门的培训课程，员工也会向其他员工或管理者学习经验，培训课程的开展也会具有更高的效率。

- **提高学习内容实用性**

培训激励的最终目的在于公司效益的提升，这就要求我们为员工提供的学习内容是“有用”的。培训激励正是通过让员工学习到发展所需的工作技能，并将其应用到工作中去，从而带来公司运营效率的全面提升。华而不实、不切实际、“假大空”的内容不应该出现在我们提供的培训课程中。

- **培训要实时进行更新**

正如之前所说，市场是多变的，要应对这一问题，我们就不能为员工提供一成不变的培训。无论是培训的内容还是形式,或者是培训激励的手段，我们都要根据市场和员工需求做出实时的更新。

什么才是真正的魔鬼式培训？

很多企业都希望新员工能够通过培训，迅速地融入工作中去，他们通常会采取一种“魔鬼式培训”的方式来培训新员工，到底什么才是真正的魔鬼式培训呢？

IBM 可以说是世界公认的“魔鬼训练营”，其培训之艰苦令人咋舌。

IBM 将每个进入公司的新员工分为两类：一类是行政管理人员，被 IBM 称为 Back Office；一类则是除行政人员之外的市场营销、销售服务等人员，被 IBM 称为 Front Office。

Back Office 通常要经历一段为期两周的培训，这段培训的目的主要在于让行政管理人员能够对 IBM 有个全面的了解，学习 IBM 的工作方式，并对其他部门的工作内容、人员构成有个基本的认识。Back Office 在接受了两个星期的培训之后，会被安排在一个“师傅”下面工作，从而可以一边工作一边学习。Back Office 什么时候能够“出师”则要看部门主管的审核结果，审核结果较差的员工还需接受其他“师傅”的帮教。

IBM 最令人称道的一个文化理念就是：“如果你要加薪，IBM 会先仔细考虑；如果你要学习，IBM 不会丝毫犹豫。”

从这点来看，IBM 的培训似乎不是十分艰苦，这主要是因为行政管理人员作为管理者，其工作经验更多是通过实践锻炼出来的。

而 Front Office 所接受的培训过程则真正可以称为“魔鬼式训练”了。Front Office 首先要接受一段长达 3 个月的集中强化训练。在进入工作岗位后，新员工还要经历 6 到 9 个月的业务学习过程。

而在 3 个月的“魔鬼训练营”中，几千名 Front Office 会在一名培训师的带领下，完成 4 期的培训课程。

所谓魔鬼式培训，就是为员工创造一个“终身制”的培训环境，“工作不停歇，培训无止境”。而魔鬼式训练的内容可根据学员的情况对症下药、量身定做，以下几点内容供参考：

● **工作内容学习**

IBM 的业务遍布全球，每个员工并不只是在自己的岗位上工作，他们在工作中都要与不同的部门进行沟通协作。IBM 作为全球 IT 行业的巨头，工作方式也有其特殊之处。因此，新员工首先要对 IBM 的工作方式有个详细的认识，同时，他们必须知道自己在今后的工作中，会在什么时候与哪些部门进行合作。

● **产品服务学习**

IBM 为客户提供的服务种类繁多，其在软件、硬件方面也有很多型号的产品。员工进入 IBM 对这些产品、服务有个全面的认识，可以说是最基本的要求。Front Office 在第 2 期的培训中主要就是对这些内容进行学习了解。

● **市场销售培训**

在学习到了 IBM 的各种基本知识之后，新员工就要进行一段时间的现场考察，到各分公司的工作“第一线”对所学知识有个更加直观的认识。理论是实践的基础，实践则是理论学习的目的，两者可以说是缺一不可的。新员工在经过市场销售实习后，就要回到“训练营”，再进行 4 个星期系统的理论学习。

● **“素质人”培训**

经过前 3 期的培训，新员工已经具备到岗位上工作的知识与能力，然而，员工并不是机械性的工作单元。IBM 还针对员工的“社会人”属性，对员工进行一套完善的“素质人”培训。在第 4 期的培训中，Front Office 要学习如何进行团队合作、如何更好地沟通表达、如何适应不同的工作环境，等等。

向松下学习高效培训模式

培训的效果是很多管理者头痛的一个问题：培训课程的开展得不到员工的有效参与、培训师不能有效地传授培训内容、员工培训后无法有效地将所学用于实践……

我们不妨来看看松下是如何实现其高效培训的。

松下幸之助在对公司进行管理时清晰地认识到，企业的发展依靠的是全体员工的合作，而不是某个个体的“超强能力”。松下幸之助将公司的经营战略定义为，“集中全体员工智慧去经营”。

正是基于这样的认识，松下在企业发展的同时，建立了多个研修所，并为员工提供多样的教育讲座，从而为员工提供长期的学习机会。仅在日本一地，松下就建立了关西地区职工研修所、奈良职工研修所、东京职工研修所、宇都宫职工研修所4个研修所，在海外市场，其研修基地更是数不胜数。

松下在招聘新员工时，并不在意其工作经验是否丰富、工作能力是否优秀。新员工的学习态度是松下最为关注的。每个进入松下的员工都会接受长达8个月的实习培训，松下培训激励的高效性正是源于其培训与实践的高度结合。松下相信，让员工在工作中学习，可以带来更明显的结果。

通过在职培训的方式，员工可以更加快速地掌握工作所需技能。在此基础上，管理者就要以适当的精神培训，提升员工的综合素质，从而使员工成为企业发展所需的综合性人才。

松下对于员工的培养是一个全面的过程，每个松下员工在培训之后都会形成更高的综合素养，从而带来松下的高效发展。总结起来，松下的高效激励源自于：

● **注重人格的培养**

松下认为，人格是员工最值得关注的品质，如果缺乏人格的培养，公司就会进入一种“本位主义”的发展轨道，“一切向钱看”，而不注重商业道德、社会责任。这样，公司即使取得了一时的发展，也会被市场所淘汰。

● **注重员工的精神培训**

相比于技能培训，精神培训更被松下所重视，团队精神、奉献精神、进取精神等都是松下高效培训的重要组成部分。这就要求公司在培训过程中，向员工传达公司的品牌文化、社会使命。

● **传达公司的价值观**

松下有其自身的价值观，其对于公司发展有着强烈的方向性指导作用。而在对新员工的培训过程中，松下会让员工了解并接受企业的价值观。如果缺乏价值观的指导，公司员工就无法很好地凝聚在一起，也就无法团结起来为公司贡献智慧。

● **培养员工对细节的关注**

很多员工在工作中表现出一种“不拘小节”的“君子作风”，事实上，在当下如此激烈的竞争环境中，任何一个小小的差错，都可能使公司走向衰败。因此，培养员工对细节的关注就显得尤为重要。

● **培养员工的竞争意识**

有比较才有进步，与他人的比较就是对自己最好的激励。通过竞争意识的培养，员工能够自主地挖掘自身的工作潜能，并对其他员工进行监督。

微软：实践也是一种培训

员工培训并不只是通过开设培训课程来完成，很多管理者认为大量培训课程的开设并不能达到预期的效果，相反，离开了学校的员工对于课堂表现出一种抵触的情绪，从而造成了培训成本的浪费。

这时，我们可以借鉴一下微软的培训方式。

微软在对员工的培训中坚持着“7-2-1”的法则，微软七成的培训是通过实践进行的，两成是号召员工向其他员工学习，还有一成则是以课程培训的形式进行。

微软并不愿意在课程培训上投入大量的成本，而是将实践作为主要的培训方式。

比如，在对员工的影响力培训中，微软首先会让员工进行演讲、报告，通过一种“阐述”的方式让自己的行为方式被其他员工所了解。而为了提升演讲的效果，演讲者就必须在事前收集听众的信息，从而选择合适的演讲方式。员工如果想要其他员工真正接受自己的行为方式，则不能仅仅依靠几次“阐述”，而是先获得一批认同者，再通过认同者去影响其他员工，从而得到影响力的扩散。

事实上，演讲只是管理的一个简单表象，但在这一过程中，演讲者可以真正学到如何在管理中增强自身的影响力。微软的成功激励还得益于：

● “以老带新”

在对新员工的培训中，微软更多地采用“以老带新”的方法，所有老员工都必须尽量解答新员工的疑问，对新员工进行培训是微软每个老员工的义务。这样，新员工就能够及时获得工作所需的知识，并自主决定培训内容。在进入工作岗位的初期，新员工可以在老员工的带领下快速融入工作中。等到新员工可以熟练地完成基础工作时，就可以进行更复杂的实践培训，并逐渐成为某个项目的负责人。

● “蓝碟”午餐会

“蓝碟”午餐会是微软的一个特色项目。项目经理会在午餐会上对自己的工作经验进行总结介绍。通过“蓝碟”午餐会的不定期举办，新员工一段时间来遇到的问题会得到解决。

当然，微软重视在实践中对员工进行培训，但并不排斥传统的培训方式。微软会根据员工的发展需要，不定时地开设培训班为其进行系统的理论性的培训。

通过边工作边培训的模式，员工可以学到自己所需的知识，而管理者也不用担心出现培训成本的浪费。因为，是否接受培训、接受哪方面的培训，都是员工自主选择的，这也最大程度地实现了培训的有效性。

● 自主学习

微软更注重激励员工自主学习，实践培训对于员工的学习积极性有很强的要求。在缺乏学习氛围的公司，员工只会学习自己当下所需的知识和技能，而不会考虑将来的发展需要，也不会考虑公司的发展需求。

第十一章

制度激励：合理的制度让员工无后顾之忧

有规矩成方圆

前文对各种激励手段进行了详细的介绍，大家在对其熟悉之后，还应该知道，对于一个企业而言，只有形成制度才能使计划有序地进行，目标顺利地达成。激励制度的建立对于企业而言至关重要，毕竟，“没有规矩就不成方圆”。

美国管理学家拉博夫在研究中发现：管理者应给予员工实质的奖励，当你想员工怎么做时，就对这种做法进行奖励，而不只是提出希望或要求。

范总深信拉博夫的这一观点，他在激励员工时无处不用到奖励这一手段。范总最常说的一句话就是，“干好咯，有奖”，范总每次说时自我感觉都相当好，会有一种“君临天下”的感觉。可是，范总是自我满足了，员工又是什么感觉呢？

基层的管理经理经常会跟范总抱怨：“员工都不干活的。”即使是一些常规性的工作，员工都十分拖沓。这又是为什么呢？原来，基层员工为了获得范总的奖励，都故意降低工作效率，当范总说了“有奖”之后，员工又以正常的工作效率取得奖励。

范总对奖励的“滥用”，最终导致了公司内员工“无奖励不干活”的习惯。

范总公司的车间里经常会发生这样那样的安全事故，即使范总在公司里强调了多次安全问题，也不见成效。不得不说，也是这种习惯引发的。

有一次，车间突然起火了，车间主管带着员工奋力扑火，避免了更大的损失。范总知道了之后,立即对主管进行了嘉奖。可是,到底为什么会失火?谁该对此负责?这些问题,范总都没有去追究,而是直接签了一张嘉奖令。

就如拉博夫研究的另一个发现所说,“管理者经常会对错误的行为进行奖励,而忽视了正确的行为”。

诺贝尔经济学奖得主罗伯特·奥曼说过:“公司里一切的悲剧都是因为不适当的激励。对于公司发展而言,激励制度是最关键的因素。”

很多管理者非常重视员工激励,但在公司里却没个“规矩”,忽视了激励制度的建立。

● **增强内部规范性**

没有规矩,就不成方圆。如果管理者忽视了激励制度的建立,员工就会投机取巧,“骗取激励”。范总的员工正是如此,他们刻意降低工作效率以获得奖励,这与其奖励的初衷是完全背离的。

● **增强激励的效果**

没有制度的激励,就好像没有牧羊犬的小羊羔,员工“得了好处却不办事”。缺乏制度支持,管理者也经常会进行错误的激励。车间主管本该对失火负责,却因为救火及时而得到了奖励,这对员工而言是一种错误的激励信号。

正如罗伯特·奥曼所说,一切的悲剧都源于不当的激励。而要避免不当的激励,我们就要建立起一套完善的激励制度。激励已经成为当今企业管理的核心,正是因为其囊括了企业生产、分配、消费等所有元素,激励制度的建立是公司有序运营的保证。

● **分配制度**

分配制度可以说是制度激励的核心环节。所谓分配制度，就是对公司的物质和非物质资源进行合理分配，从而对员工的付出进行反馈。员工做出了更好的成绩,就可以在公司资源分配上取得更大的收益。值得注意的是，即使员工没有做出成绩，但只要其付出了更多的努力，依然需要在分配时向其倾斜。

● **行为规范**

公司的运营必须有自己的一套行为规范，员工获得回报的前提是遵守行为规范。行为规范是对员工工作的有效控制和监督，可以防止员工在资源分配中投机取巧。而从另一个方面来说，行为规范又起着对员工工作的指导作用，员工只要根据行为规范来工作，就能达成预期的目标，就能获得应有的回报。员工即使是要以创新带来更大的业绩，也不能违反既定的行为规范。

● **信息交流**

信息交流可以说是激励制度中的润滑剂，充分的信息交流可以使激励制度更具活力和效率。信息交流是一个交互的过程，管理者要积极地收集员工的各种信息，对员工的工作动机和需求有所了解，从而建立更完善的激励制度；员工也要对公司的激励制度有个全面而详细的认识，知道哪些行为可以获得奖励、哪些行为违反了行为规范。

完善制度，员工无忧

一般来说，员工工作动机的组成十分复杂，首先是生存、生活需求，之后才是精神情感、自我实现的需求。通过前面的分析，我们知道，精神情感、自我实现等要素具有更强的激励作用，但这也是建立在生存、生活需求得到满足之上的。因此，我们首先要完善福利制度，使员工在追求自我实现时没有后顾之忧。

CA公司（美国国际联合电脑公司）是全世界仅次于微软的第二大电脑软件公司，在IT业著名的杂志COMPUTER WORLD的评选中，CA公司已经连续6年被评为“IT行业最佳就职公司”。

员工之所以愿意到CA公司就职，首先就是因为CA“超高”的薪酬水平，其给员工的薪酬比IBM高了近40%。其次就是其完善的福利制度，CA公司的福利设施之齐全令人咋舌。在CA的总部大楼里，我们不仅能看到健身房、篮球馆、休闲中心，甚至还能看到托儿所！CA托儿所的质量在全美也是一流的！

CA之所以会在总部大楼里开设一家托儿所，正是因为很多有孩子的员工在工作时，会不放心将孩子放在家里，即使托人照顾仍然会不时地打电话问问情况。于是，CA管理者王嘉谦就建议建立一家内部员工的托儿所，员工对这个建议不是很理解，但都表示了强烈的支持。

而当CA托儿所建成的时候，员工对其质量水准都赞不绝口。其外观设计不仅十分新颖美观，内部设施更是舒适无比，对于员工而言最重要的安全设施也十分严谨。

托儿所的门口有两道电子门，进出都需要有托儿所工作人员的陪同，而且两道电子门相继打开，只有一道电子门关闭后，第二道电子门才会打开。当我们走进托儿所时，我们可以看到色彩鲜艳的地毯、大大的冰箱。室外有草坪、游乐场、野餐区，甚至还有假山和小湖。

CA托儿所的教学质量也是全美顶尖的。员工的孩子在这里可以接受从幼儿园到学前班的教育。对于3～6岁的孩子，每5人就有一个指导老师；而对于3岁以下的孩子，每4人就有一个指导老师。在托儿所里甚至还有一个注册护士随时待命。这样一流的托儿所与社区内的公立托儿所相比，其收费相当。很多员工私下里都会说："为了孩子，我也要留在CA。"

与托儿所相比，CA公司的工作环境就十分节俭了，CA从来不会对办公室进行过多的装饰，其办公桌椅甚至都是二手的。但节省下来的资金却都投入到了员工福利中去，这也是CA公司超强的员工吸引力的来源。

完善的福利制度，可以让员工"轻装上阵"，全身心地投入到工作中去。

- **增强工作效率**

很多时候，一些生活上的琐事限制了员工的工作效率。我们可以通过完善的福利制度，为员工解除后顾之忧，这样，员工就能将更多的精力投入到工作中去。CA的员工就不必担心自己的孩子的安全和教育，因为这些都由公司妥善解决了。

- **提高公司魅力**

公司有一个完善的福利制度，就会对员工产生极强的吸引力。员工之所以愿意到CA公司就职，正是因为其近乎完美的福利制度。而员工一旦进入

CA公司，也很少有离开的，正如其所说，“就是为了孩子，也要留在CA”。

福利已经越来越成为公司人力资源成本的一个重要组成部分，福利制度的完善对于吸引和留住人才而言，至关重要。但很多管理者仍然忽视福利的重要性，除了基本的职工保险之外，就没有其他的员工福利了。还有些管理者知道福利的重要性，却不知道怎么去完善自己的福利制度。

- **生活周期福利**

我们可以从员工所处的生活周期，为员工安排福利。对于年轻员工，我们可以为其提供更多的旅游福利；而对于“上有老下有小”的员工，我们不妨为其提供一些儿童看护或是老人看护的福利措施；对于老年员工，医疗福利则更为重要。

- **健康项目福利**

现在的员工对于健康越来越重视，不会再有员工愿意为了工作牺牲自己的健康，挣“血汗钱”毕竟不是长久之道。有条件的公司可以建立自己的健身活动馆，也可以为其置办健身中心的年卡，定期的体检也显得十分必要。

- **自助式福利**

如果管理者不想那么麻烦地去为每个员工设置针对性的福利，我们可以采取自助式的福利制度。管理者对公司所能提供的福利项目进行明确公告，让员工自行选择所需的某种或多种福利。

安全作业环境带来更多安全感

在员工得到薪酬、福利、授权、晋升等之前，其最先得到的是一个工作环境。而对于工作环境而言，其安全性则是基础，一个安全的工作环境对于员工的身体健康和工作效率显得至关重要。

除了对员工家属的关心之外，杜邦公司的另一大管理特色就在于其对安全的重视。杜邦公司认为："工作中有很多消极因素都只能弱化而不能避免，但安全事故则不同，它是完全可以避免的。"在杜邦公司众多荣誉中，"全球最安全的企业"显得十分特别。

在杜邦的生产车间里，我们可以看到各种安全提示——"请勿吸烟"、"请勿奔跑"、"进入车间必须佩戴安全防护用品"……杜邦还鼓励员工发现公司的安全问题，并提出建议，一旦采纳，公司也会给予其相应的奖励。

杜邦每周都会召开一次员工安全会议，其主旨就是找出工作和生活中可能存在的安全问题，并交流其解决方法。在公司的安全规定中，甚至还有一条是"驾驶请使用安全带"，以帮助员工从日常生活开始养成安全习惯。

杜邦每年都会对各分公司颁发"安全奖"，要得到这一奖项需要保证公司每年安全事故发生数为零。而杜邦的上海分公司从 1986 年成立至今，已经获得了 23 次"安全奖"。

一位杜邦（中国）的员工就说："毕业以来，经常跳槽，换来换去的。杜邦是我进入的第一家外资企业，我却已经在这里工作快 6 年了，这都是因为杜邦安全的工作环境，杜邦是真正地关心员工到各种细节了。现在我每次过马路都比以前注意很多，也不会在餐厅二楼看风景而是坐在一楼靠门的地方。我妻子就说我自从进了杜邦，越来越没胆了，其实我只是更注意安全了。”

安全的工作环境可以为员工带来安全感，而安全感可以为企业带来更好的激励效果。

● **保护员工健康**

在安全的工作环境下，员工的身体健康首先得以保证，而员工越健康，其能为公司服务的时间也越长、工作效率也越高。杜邦在工作中处处注重安全问题，这并不会造成工作效率的浪费。相反，一旦发生安全事故，没有安全感的员工，其工作效率才会极大地降低。

● **增强员工认同**

公司如果能注重员工工作环境的安全性，员工就会感受到公司的关心，这对于员工家属而言其实也是一种激励作用。不管是谁，都希望能够安全地付出以取得回报。杜邦的员工会愿意留下来，正是因为这里是安全的。

如果公司给予员工的只有各种空洞的承诺，“如果你做出什么业绩，我们会有什么奖励”，而忽视了安全感的营造，员工首先会对这些承诺表示不信任，而信任感的缺失必然会造成员工工作积极性降低。

无论我们以怎样的管理理论作为管理基础，其核心内涵都在于，最大限度地挖掘员工工作潜力，从而为公司创造利润。那么，我们就要为员工营造安全的工作环境，没有员工愿意为管理者“卖命”。

● **健全安全设施**

安全设施是对安全性的有力保障，对于一切可能存在的安全问题，我们都可以找到适合的安全设施，管理者不能吝啬于这些购置成本。除此之外，安全提示牌、安全手册等都是对安全设施的有效补充。我们首先要努力规避发生安全事故的可能，一旦安全事故发生，我们也要确保有足够的安全设施及时解决。

● **深入进行沟通**

没有谁比员工更清楚哪些地方有安全隐患，我们要鼓励员工向管理者报告这些隐患。很多员工发现危险之后，自己会主动规避或告诉周围的同事，但还有更多的员工不知情。我们应采取奖励制度鼓励员工发现并上报安全问题，从而有效地进行预防。

贝尔的激励制度

当我们建立激励制度时，必须注意各种激励手段的组合，以“组合拳”进行高效的员工激励。

上海贝尔公司的薪酬水平并不高，但很多人才却愿意去贝尔工作并留在贝尔。这都是因为贝尔完善的激励制度。上海贝尔管理者谢贝尔将这归功于公司的福利政策，在我们对其仔细研究后发现，贝尔的“福利制度”内容十分广泛，实际上是对多种激励手段的融合运用。

上海贝尔最为业界所称道的就是其员工培训体系。每个员工在进入贝尔之初，都要接受一个月的入职培训，上岗后，还要经历几个月的实习才能转正。转正之后，员工就可以自主选择各种在职培训，无论是走技术道路还是管理道路，员工都可以找到适合自己的培训计划。贝尔还鼓励员工参加各种继续教育，并为员工提供奖学金。

除此之外，贝尔还与国外的先进教育机构展开合作，贝尔的技术人员和销售人员都可以去欧洲的培训基地接受培训，而技术技能优异的员工还有机会留在欧洲的研发中心工作。对于表现优秀的管理人员，贝尔还会安排他们到名牌大学深造学习。

贝尔的激励制度并不是单纯的福利激励（薪酬激励），其中更蕴含了培训激励、目标激励、沟通激励、情感激励等手段。也正是这些激励手段的组合运用，贝尔的员工才愿意留下来，并以最大的工作热情进行工作，而外部的人才也都希望能够进入贝尔公司。

管理者需要向贝尔学习的地方：

- **绩效评估与福利薪酬挂钩**

与其他公司不同，贝尔的员工想要获得更好的福利，就要取得更好的业绩。上海贝尔有其自己的一套业绩评估体系，员工得到的福利也是根据其评估成绩而来的。上海贝尔会为每个员工提供福利，但是会为其设置不同的层级。这就规避了平均主义的出现，也最大程度地加强了福利的激励作用。

- **与员工进行沟通交流**

贝尔的管理者经常会与员工展开交流，以了解员工的真实需求，并让员工了解公司的制度信息。

上海贝尔的员工都十分年轻，平均年龄都在30岁左右。“三十而立”，这些员工都面临着买房买车的巨大压力。上海的高房价让人望而却步，贝尔就为员工提供无息购房贷款，而员工在贝尔工作的时间越长，其贷款期限也就越长，只这一项福利政策就使员工愿意留在贝尔工作了。而对于想要买车的员工，公司同样为其设置了无息专项贷款。

通过频繁的沟通交流，员工对于贝尔的激励制度都“烂熟于心”，他们也会经常在自己的亲友面前，表示对贝尔某项激励制度的赞同。这也是一种口碑营销的手段，而营销的目的在于吸引更多的人才。

松下的21条铁律

很多管理者都十分嫉妒日本的企业家，他们认为日本企业家之所以能够成功，是因为日本的员工都是一群“只知道工作的蜜蜂”。日本员工极强的工作热情，让人们不禁怀疑其是不是“工作中毒”了。

松下幸之助被称为“经营之神”，创造了很多先进的管理制度。我们来看看松下激励制度中的“21条铁律”：

1. 我们要告诉员工其职位在公司中所处的层级，并针对员工的工作表现，定期对其进行评估；

2. 员工获得了怎样的成就，我们就给予其怎样的奖励；

3. 当公司制度发生变动时，我们应事先进行公告；

4. 制定与员工相关的决策或计划时，我们需要邀请相关员工一起探讨；

5. 要赢得员工的信任和忠诚，我们首先要信任员工；

6. 积极与员工进行沟通交流，了解员工的兴趣爱好、工作习惯、忌讳等信息；

7. 员工提出建议时，我们要善于倾听；

8. 当员工在工作中明显表现异常时，我们应主动去了解原因；

9. 我们要主动让员工知道自己的想法，但注意语气要委婉；

10. 当我们对员工提出要求时，要告知员工这样做的原因；

11. 如果我们的工作出现失误，要及时承认并致歉；

12. 告诉员工，他们对于公司十分重要，公司十分重视员工；

13. 当我们对员工进行批评时，要说明理由并提出改进的方法；

14. 在我们批评员工之前，先指出员工的优点，说明自己的批评是为了帮助其更好的发挥；

15. 以身作则；

16. 言行一致；

17. 告诉员工，公司为他们感到骄傲和自豪；

18. 当员工表现出不满时，找出原因并解决；

19. 对于有不满情绪的员工，要尽快安抚，以防情绪感染；

20. 为员工制定长期目标和短期目标；

21. 对员工表示支持，说明与权利相应的义务。

从20世纪60年代起，日本就对激励制度的完善进行了很多的研究。为了更好地激励员工，日本的管理者在很多细节上都努力做到最好。具体表现为：

- **“红白喜事”多**

他们会把给员工的奖金放在红包里，奖金会根据员工业绩而定但不会公布；当员工家中发生“红白喜事”时，他们会登门庆祝或慰问；他们还会在公司内部组织各种同乡会、同期会、同窗会等；对于产品的内销，他们会给予更多的优惠……

- **不断完善激励制度**

日本的员工跟其他任何地方的员工都没有区别，他们都是“社会人”的一分子,都有着这样那样的自利需求。而日本这样小的国土面积上,能够“出产”那么多成功企业家，正是因为其激励制度不断地完善。

员工健康保险计划是怎么一回事？

“身体是革命的本钱”，同样是企业发展壮大的“本钱”，管理者在建立激励制度时，必须充分考虑员工的身体健康。员工健康保险计划就是为员工提供医疗福利，以给予员工健康保障。

最近，百度公司为一个名为“健康辅导师”的职位进行了公开招聘，其工资待遇是——十万元年薪+期权。这是为了应对越来越严重的“硅谷综合症”泛滥，这种现象在中国称为“中关村综合症”，说的就是由于IT人员不健康的工作方式，而出现各种非正常的病症。

根据调查显示，中关村的IT人员平均寿命只有53岁，而中国人的平均寿命为64岁。很多通常发生在50岁以上的老年人身上的疾病，却普遍出现在了年轻的IT人员身上，颈椎增生、骨质疏松、脂肪肝这些病症成为IT人员“英年早逝”的罪魁祸首。

其实，这一现象不只出现在IT从业人员身上，中国的白领们由于长期坐在电脑前办公、缺乏运动、经常加班、饮食不规律，而普遍患有“中关村综合症”。

据报道，中关村在2009年开始启动“HC（Healthy Care）健康计划”。百度“健康辅导师”的工作内容，就是在公司内普及保健知识，并帮助员工养成良好的工作生活习惯。

事实上，美国作为经济发展最快的国家，其对于员工健康的关注也从很早以前就开始了。员工健康保险计划已经普遍存在于美国的大小公司里。

美国有一家管道元件公司，其规模不大、知名度不高，但其对员工的健康却十分关注。这家公司以奖金的形式鼓励员工健康生活：员工每周锻炼3次以上，持续1个月，即可获得当月7美元的“健身奖金”；1个月不吸烟，即可获得当月3美元的“无烟奖金”；年内体检1次，可全额报销，还可获得50美元的“体检奖金”……员工通过这一制度每年可以获得500美元的工资加成。而在1年后，这一计划也确实得到了极大的成效，很多员工都减肥成功，身体也日益健康，公司当年为员工支付的医疗费用比上年下降了70%。

在美国流行着这样一个计算公式：1=8，即公司每在员工健康保险计划上投入1美元，就可以节省8美元的员工医疗费用。

随着员工健康问题的日益严重，我们必须开展员工健康保险计划，为其身体健康做出保障。

● **节省医疗成本**

每家公司都会为员工设置医疗补贴，而公司每年都需要花费不少的成本在医疗补贴之上。通过员工健康保险计划的执行，我们可以有效预防员工的健康问题，从而获得成本节省。而这家管道元件公司甚至取得了70%的员工医疗成本缩减。

● **改善工作氛围**

员工健康保险计划的实施，可以为公司营造一个更加积极、活力的工作氛围。现在很多公司的办公室都显得“死气沉沉”，员工都是各种不舒服，每天都感觉睡眠不足，工作效率极低。百度也正是为此招聘“健康辅导师”。

现在的员工大多在工作中表现得“高智商，低健商”。所谓“健商”，就是员工所具有的、保持身体健康的意识、知识和能力。很多员工都处于一种“亚健康”的状态，这不仅是因为员工自我保护意识的不足，也是因为公司带来的工作压力。员工没有精力去锻炼、没有时间去补充营养，无法在工作中实现劳逸结合，这些都是其健康问题主要的原因。

我们要为员工设置一个完善的健康保险计划，就要从内部和外部两个方面着手：

- **企业医疗基金**

我们首先可以从员工的福利资金中抽取一部分出来，建立一个企业医疗基金。该基金主要用于员工日常保健的花费，以及对员工积极保健的奖励。

- **团体商业健康保险**

我们还可以为员工购买团体商业健康保险，团体商业健康保险通常更为便宜，而且保险公司不会对团体的每个个体进行健康评估。当发生健康事故时，员工也可以通过这一保险报销医疗费用，并获得工作无法带来的损失补偿。

让组织被合理的制度包围

企业组织制度是企业组织的基本规范，是做好组织管理工作的前提，我们必须为企业建立一套合理的组织制度，以对企业进行规范化的管理。

1927年，松下公司开始尝试对企业组织制度进行改革，其具体手段就是建立事业部制。

由于公司的不断扩张、规模的不断扩大，松下幸之助越发感到自身精力、时间的不够用，已经不能再对公司的每个部门进行统一管理了。最初，松下幸之助按照产品的系列，将公司分为三个部门：无线电部、电池及电池灯部、配线工具及电热器部。

松下事业部制的具体内涵是：

三个事业部相互独立，统一归总公司管理，事业部对其负责产品的所有环节进行管理。总公司每半年对事业部的业务进行一次考核，其主要考核内容是：销售额、资金、利润额、利润率、管理金。事业部必须保证利润率达到10%，并将税前利润的60%上交给公司，同时，还要上交一笔管理金，管理金为销售额的3%，剩余的利润额归事业部所有。

当事业部经营不佳，出现资金缺乏时，可以向总部申请贷款，但这笔贷款的利息通常高于市场借贷利率，除此之外，总部还会对其征收更高利率的惩罚性利息。

总部会对事业部的财务经营成果进行月度和季度的考察，同时每季度会举办一次事业部评审会议，由各事业部经理参加汇报。

事业部制改革是松下走向辉煌的关键转折，通过这项改革，松下进入了专业化生产的轨道，公司内部的工作热情也更加高涨。

为了更好地发挥员工激励的效果，我们需要不断完善企业组织制度。

● **企业成功的保证**

企业组织制度是企业运营的骨架，企业的任何决策计划都是基于这一骨架而生的。我们首先要建立起一套合理的企业组织制度，才能保证企业的决策计划不会走向畸形。松下的成功正是基于其事业部制改革而产生的。

● **员工工作的规范**

企业组织制度也是一套员工工作规范，合理的企业组织制度，可以引导员工的工作更加规范化，而不会出现无法挽回的失误。松下通过事业部制的改革，对每个部门的权力、责任做出了明确规定，使各部门可以独立自主地实现发展。

现代企业通常采取公司制的管理方法，随着市场经济的不断发展，其企业组织制度也逐渐完善。企业组织制度的核心内容就是，通过公司权力、决策、监督的相互独立，对各部门、员工的权责进行明确划分，在相互制约中，实现企业所有者、管理者和员工之间的共赢。

一套合理的企业组织制度，可以使公司的发展更具效率，员工也能从中获得相应的回报，从而带来企业利润的增长。

企业组织制度通常包括以下几个方面：

● **组织机构**

要建立合理的企业组织制度，我们首先要明确企业的组织机构，通过权力机构、决策机构、监督机构的合理设置，使公司的决策更加符合公司需要，决策也可以得到更有效的执行。

● **职能体系**

我们必须对企业内部的职能体系进行划分，财务部门主管资金、人力部门主管员工、生产部门主管生产、销售部门主管销售……一套明确的职能体系，可以在公司内部实现专业化的分工，从而促进各职能体系的合作。

● **权利系统**

权利系统的合理性在于，每个员工都有其权力和职责，通过完成业务获得回报，从而产生激励效果。权力的设置要注意层级性，通过权力的层层下放，使员工可以接受并执行上级管理者的决定。